Die 150 besten Lebensmittel für Ihre Gesundheit

Originaltitel: Food is Medicine
Originalverlag: Duncan Baird Publishers, London

Lektorat, Satz und DTP:
Redaktionsbüro Kramer, Weißenfeld/München
Übersetzung:
Lorelies Singerhoff, Gutach-Bleibach
Umschlaggestaltung:
Heinz Kraxenberger
Umschlagfotos:
Archiv Kraxenberger
Druck und Bindung:
Star, Singapur
Printed in Singapur
ISBN: 3-576-11471-8

Anmerkung des Verlages

„Die 150 besten Lebensmittel für Ihre Gesundheit" ersetzt nicht die traditionelle Medizin und die Behandlung durch Ihren Arzt. Weder der Autor noch der Verlag übernehmen die Verantwortung für irgendeinen Schaden, der durch die Behandlung mit der in diesem Buch vorgestellten Methoden entstanden sein könnte. Wenn Sie an einer Krankheit leiden oder sich über die in diesem Buch gegebenen Ratschläge nicht sicher sind oder wenn Sie schwanger sind, ist es auf jeden Fall besser, einen Arzt aufzusuchen. Essenzielle Öle müssen immer mit neutralem Öl verdünnt werden, sie sollten nie innerlich verwendet werden und eignen sich nur für Erwachsene. Das Entgiftungsprogramm ist nicht geeignet für Kinder, ältere Menschen, Schwangere oder stillende Mütter.

Danksagung

Duncan Baird Publishers danken:
Dr. Damien Downing (Medizinische Beratung)
Caroline Yates (Rezeptberaterin)
Emma Bentham-Wood (Fotographieassistentin)
Juss Herd (Food-Stylist-Assistent)
Ingrid Lock (Indexer)

Pierre Jean Cousin

Die 150 besten Lebensmittel für Ihre Gesundheit

Mosaik

Inhalt

SYMBOLE, DIE IN DIESEM BUCH BENUTZT WERDEN

★ WICHTIGE NÄHRSTOFFE UND ANDERE AKTIVE SUBSTANZEN

● KÖRPERSYSTEME UND BESCHWERDEN

! ACHTUNG

✔ WOHLTUENDE LEBENSMITTEL

✘ WAS SIE VERMEIDEN SOLLTEN

Einleitung

Eine der wichtigsten Möglichkeiten, unsere Gesundheit zu erhalten, ist die richtige Ernährung und die gezielte Auswahl der Lebensmittel, die wir zu uns nehmen. Ungesundes Essen mit zu viel tierischen Fetten, Salz, Zucker und vielen künstlichen Stoffen kann unseren Körper unwiederbringlich schädigen, besonders die Herzkranzgefäße und die Nieren. Dagegen hilft eine gesunde Ernährung, unsere Vitalität zu erhalten, das Immunsystem zu stärken und die Lebensqualität zu erhöhen. Wir können sogar direkt Einfluss nehmen auf die Gesundheit der nächsten Generation, in dem wir unsere Kinder an gesunde Lebensmittel und gesundes Essen gewöhnen.

Alle Lebensmittel können eingesetzt werden, um Krankheiten vorzubeugen, aber auch, um Krankheiten zu behandeln. In allen Jahrhunderten und Kulturen hat die Ernährung eine entscheidende Rolle gespielt, wenn es darum ging, Krankheiten zu heilen. In den westlichen Ländern hat sich allerdings leider der Schwerpunkt der Gesundheitsvorsorge von traditionellen Methoden wie Diät und Fasten auf den Einsatz der Produkte der pharmazeutischen Industrie verlagert. Das bedeutet, dass die Selbsthilfe in Form von richtiger Ernährung kaum noch eine Rolle spielt. Als erfahrener Praktiker in alternativen Heilungsmethoden möchte ich die Heilkraft der Lebensmittel wieder dorthin zurückbringen, wohin sie gehört – in unser Zuhause.

Grundsätzliches zur gesunden Ernährung

Grundsätzlich sollte eine gesunde Ernährung viele unraffinierte, komplexe Kohlenhydrate enthalten und reich an Ballaststoffen sein. Lebensmittel wie Bohnen, Linsen, Kartoffeln, Vollkornnudeln, Vollkornbrot und Vollkorngetreideprodukte sollten den Hauptteil Ihrer Nahrung ausmachen. Proteinreiche Lebensmittel wie Fleisch oder Fisch können in kleinen Mengen zusätzlich gegessen werden. Im Gegensatz zur herkömmlichen Meinung brauchen wir aber nicht viele Proteine, um gesund zu bleiben. Es ist nicht notwendig, täglich Fleisch, Fisch oder Milchprodukte zu verzehren. Weitere wichtige Bestandteile der Ernährung sind Vitamine, Mineralstoffe und biologisch aktive Substanzen, die in vielen Früchten und Gemüsesorten vorkommen. Auch essenzielle Fettsäuren in Nüssen, Samen, fettreichem Fisch und Ölen wie Olivenöl gehören zu einer gesunden Ernährung.

Dieser Grundsatz in der Ernährung war und ist in vielen Kulturen bekannt. In der Geschichte der verschiedensten Zivilisationen war die Kombination von Getreide und Hülsenfrüchten immer der Hauptbestandteil menschlicher Ernährung. In Asien sind es Reis und Soja, in Amerika Mais und Bohnen und in Europa Weizen, Roggen, Gerste, Hafer, Buchweizen und Bohnen, Linsen oder andere Hülsenfrüchte, in Afrika wiederum Weizen, Hirse, Maniok und Bohnen oder Kichererbsen. Dazu wird viel rohes Obst und Gemüse verzehrt und wenn vorhanden, gelegentlich kleinere Mengen Fisch oder Fleisch. Aber auch fermentierte Lebensmittel wie Käse, Jogurt, Dickmilch, eingelegtes Gemüse, Most, Bier und Wein gehörten zu der uralten, traditionellen Ernährung, da sie die Darmtätigkeit anregen. Diese Ernährung ist genau auf den menschlichen Körper abgestimmt und hält die Darmflora im Gleichgewicht.

Sie können diese gesunden Ernährungsgewohnheiten ganz leicht übernehmen, wenn Sie sich nur an einige Prinzipien halten:

- Kaufen Sie viel frisches Obst und Gemüse (sie enthalten Antioxygene, die gegen degenerative Krankheiten wie Krebs und Herzinfarkt schützen), außerdem Getreideprodukte, Hülsenfrüchte und Fisch.
- Essen Sie weniger Fleisch, Milch- und Fertigprodukte.
- Ersetzen Sie Fleisch durch fettreichen Fisch.
- Achten Sie auf die Kalorien, essen Sie weniger.
- Kaufen Sie sich ein Kochbuch über die Mittelmeer-Küche.
- Reduzieren Sie den Genuss von Zucker, Kaffee, Tee, Alkohol und Sprudelgetränken.
- Essen Sie in regelmäßigen Abständen – bis zu fünf kleine Mahlzeiten täglich.
- Kaufen Sie aus der Region, nach der Saison und aus biologischem Anbau.
- Sorgen Sie für Abwechslung in der Ernährung.
- Verwenden Sie möglichst nur Frisches, keine Konserven.
- Seien Sie flexibel, essen Sie mit Freude, vermeiden Sie strenge Diäten.

Fehler in der modernen Ernährung

Diese Grundsätze stehen im Kontrast zur heutigen landläufigen Ernährung in den westlichen Ländern. Wurde im vorindustriellen Zeitalter noch viel Frisches verzehrt, zeichnen sich die Lebensmittel seit den letzten 50 bis 60 Jahren durch immer schlechtere Qualität aus. Sie enthalten Konservierungsmittel, Farbstoffe, Geschmacksverstärker, Zucker, Koffein und Spuren von Düngemitteln, Pestiziden, Hormonen, Antibiotika und Metall. Dies führt zwangsweise zu einer gestörten Darmflora, zu Giftansammlungen im Körper, zu Allergien, Herzproblemen und Krebs.

Im Westen gibt es Lebensmittel in Hülle und Fülle, mehr als verzehrt werden können. Die modernen Techniken der Lebensmittelindustrie sorgen für die Produktion von immer mehr Lebensmitteln in immer kürzerer Zeit aber auf Kosten von Qualität und Nährstoffen.

Obwohl wir wissen, dass die Auswahl an Lebensmitteln noch nie so groß war, verwenden wir immer weniger Zeit auf einen überlegten Einkauf, auf die richtige Verarbeitung und den genussvollen Verzehr. Unsere Nahrung besteht oft aus immer den gleichen Speisen, die wir aus Bequemlichkeit und Routine immer wieder auf den Tisch bringen.

Viele Lebensmittel sind völlig nährstoffarm. Außerhalb der Saison werden Produkte oft von weit her transportiert, nur damit immer und alles im Angebot ist. Die meisten Vitamine gehen dabei auf den langen Transportwegen oder in den Kühlhäusern verloren. Um die Ware haltbar zu machen und weniger Verluste zu verbuchen, werden viele Produkte zusätzlich sterilisiert und dadurch „leblos" gemacht. Dabei werden nicht nur die schädlichen Bakterien vernichtet, sondern auch die für die Gesundheit wichtigen Bakterien und Fermente. Milch ist fast immer pasteurisiert, die natürlichen Fermente sind zerstört, für viele Menschen ist diese Milch dann unverträglich und nicht mehr verdaulich. Nicht pasteurisierte Milchprodukte wie Biogurt, der viele Laktobazillen enthält, sind anderen Produkten immer vorzuziehen. Sterilisierte Lebensmittel, die zu lange außerhalb des Kühlschranks liegen oder mehrfach wieder erhitzt werden, bilden schädliche Kleinstlebewesen wie Listeria-Bakterien, die Erkrankungen verursachen können.

Industriell hergestellte Lebensmittel sind verantwortlich für viele Erkrankungen, etwa Störungen im männlichen Hormonhaushalt (durch Rückstände im Fleisch der mit Hormonen aufge-

päppelten Tiere), etwa die Resistenz gegen Antibiotika (die dem Tierfutter beigefügt werden), etwa Salmonellen in Geflügel und Eiern aufgrund der grausamen Tierhaltung oder etwa der Creutzfeldt-Jacob-Krankheit durch den Verzehr von an BSE erkrankten Tieren. Lebensmittel gentechnisch zu manipulieren ist die neueste Erfindung der Lebensmittelindustrie. Meiner Meinung nach wird diese Methode auf Dauer schädliche Auswirkungen auf unsere Gesundheit und unsere Lebensbedingungen haben. Die Aussagen mancher Wissenschaftler, es gäbe überhaupt keinen Beweis, dass genmanipulierte Lebensmittel schädlich sind, beweist noch lange nicht das Gegenteil.

Als Konsumenten sollten wir bewusst und überlegt unsere Lebensmittel auswählen und einkaufen. Wir sollten immer frische Lebensmittel aus biologisch kontrolliertem Anbau industriell behandelten und mit Zusatzstoffen versehenen vorziehen.

Der medizinische Wert von Lebensmitteln

Unser Wissen über die Heilkraft der Lebensmittel ist tausende von Jahren alt und durch empirische Studien belegt. Auch moderne Untersuchungen bestätigen die Heilwirkung der Lebensmittel, die schon seit vielen Jahren vom Menschen genutzt werden. Viele medizinisch wirksame Stoffe sind bekannt, z.B. Allicin, das bakterientötend wirkt und im Knoblauch vorhanden ist. Ebenso wirken die Antioxygene und essenziellen Öle in manchen Früchten, Kräutern und Gewürzen und im Gemüse gesundheitsfördernd. Manche dieser Stoffe werden sogar aus den Lebensmitteln extrahiert und in Tablettenform wieder auf den Markt gebracht, Cynarin z.B. wird aus der Artischocke gewonnen. Viele Untersuchungen ergaben, dass Cynarin sehr wichtig ist bei Lebererkrankungen, es heilt zerstörte Leberzellen. Der große Vorteil der Lebensmittel als Medizin ist, dass sie für alle von uns verfügbar sind und ohne große Gefahr selbst verordnet werden können. Kuren und Diäten mit Lebensmitteln fördern die Körperfunktionen und aktivieren die Selbstheilungskräfte.

Zum Gebrauch dieses Buches

Dieses Buch möchte Sie anregen, eine gesündere Lebensweise anzunehmen, und es möchte Ihnen Tipps über die Heilwirkung von Lebensmitteln geben. Das Buch ist in vier Teile untergliedert. Der erste Teil stellt Ihnen mehr als 140 gebräuchliche Lebensmittel vor, beschreibt ihre Nährstoffe und ihre spezielle medizinische Wirkung. Hier lernen Sie auch sieben ganz besondere Lebensmittel kennen, die für ihre Heilkraft bekannt sind, die Top-Lebensmittel also. In Teil zwei werden dann Lebensmittel vorgestellt, die mithelfen, die 100 häufigsten Krankheiten zu lindern. Der dritte Teil ist eine Rezeptsammlung mit heilkräftigen, interessanten, köstlichen Kombinationen und Zubereitungen. Der letzte Teil sagt Ihnen alles über Vitamine und Mineralstoffe und die Lebensmittel, in denen sie zu finden sind. Außerdem finden Sie dort ein Programm zur Entgiftung Ihres Körpers, ganz einfach mit Früchten, Gemüse, Säften und Kräuteraufgüssen.

Die meisten der aufgeführten Rezepte sind einfach herzustellen, nehmen Sie die Zutaten, die für Sie erhältlich sind. Die Rezepte können unterschiedlich genutzt werden:

- Als tägliche Ergänzung zum Speiseplan bei Gesunden, um das Wohlbefinden zu erhalten.
- Als Heilnahrung bei akuten und chronischen Erkrankungen. In diesem Falle sind die Rezepte für Säfte (Seite 110–113) und für medizinische Getränke (Seite 117–125) besonders hilfreich. Die heilenden Lebensmittel können mit traditionellen Medikamenten kombiniert bei einer ganzen Reihe von ernsthaften Erkrankungen eingesetzt werden. Wie oft Sie Lebensmittel als Medizin einsetzen, hängt vom Grad Ihrer Erkrankung ab. Auch Krankheiten, die durch Stress verursacht werden, können mit Lebensmitteln beeinflusst werden.
- Als Erste Hilfe und zur Linderung von Symptomen. Manche der vorgestellten Rezepte lindern Symptome wie Verdauungsstörungen oder Menstruationsbeschwerden. Andere können äußerlich angewendet werden, etwa bei Bissen, Verbrennungen, Stichen, Hautproblemen wie Ekzemen oder einfach als Schönheitslotion.

Einige der medizinischen Getränke enthalten Alkohol. Auch wenn größere Mengen Alkohol schädlich sind, so ist er doch ein hervorragendes Mittel, um die heilenden Substanzen der Pflanzen zu konservieren. Das Einlegen von Basilikum in Wodka zum Beispiel konserviert die Wirkstoffe und macht es leicht, das Basilikum einzunehmen (gut für die Verdauung, bei Brechreiz und Völlegefühl). Die meisten medizinischen Getränke brauchen nur in sehr geringen Mengen eingenommen zu werden, und oftmals nur über einen kürzeren Zeitraum. Ein Aufguss oder ein Sud gehört eher zur traditionellen Pflanzenmedizin als zur Ernährungsmedizin. Da die medizinischen Getränke sehr wirkstoffreich sind, sollten sie mit Vorsicht verwendet werden und an Kinder nur verabreicht werden, wenn es ausdrücklich im Rezept genannt wird. Wenn Sie Zweifel haben, sich mit Lebensmitteln selbst zu behandeln oder besondere gesundheitliche Probleme haben, sprechen Sie mit Ihrem Arzt.

In einigen Rezepten wird Sahne angegeben, sie kann auch weggelassen werden, wenn Sie unter Kuhmilchunverträglichkeit leiden. Nehmen Sie dann Sojamilch und -jogurt. Bei Bluthochdruck, hohem Cholesterinspiegel, Herzbeschwerden oder Diabetes sollten Sie Zucker, Salz und Fett ganz aus den Rezepten streichen.

Auswahl der Zutaten

Wann immer es möglich ist, sollten Sie frische Produkte aus biologisch kontrolliertem Anbau verwenden, das gilt auch für Fleisch. Bewahren Sie die Lebensmittel nicht zu lange im Kühlschrank auf. Kaufen Sie lieber teurere kleine Mengen als große preisgünstige. Kaufen Sie Fisch, der gerade frisch geliefert wurde.

Wenn möglich sammeln Sie Kräuter aus Ihrem Garten oder der näheren Umgebung. Wenn Sie Borretschblätter, Brennnesseln oder Löwenzahn sammeln, nehmen Sie junge Pflanzen, die weitab von Hauptstraßen, Eisenbahnlinien oder von Wegen wachsen, die viel von Tieren frequentiert werden. Nehmen Sie nur Pflanzen, die Sie sicher identifizieren können, die gesund sind und die für den Verzehr geeignet erscheinen. Viele Pflanzen lassen sich gut im Garten oder in Töpfen auf dem Balkon selber ziehen, z.B. Kamille, Zitronenmelisse, Bohnenkraut, Minze, Basilikum, Thymian und Rosmarin. Wenn Sie wilde Beeren sammeln, nehmen Sie sie nur von Büschen, die nicht von Verkehrsabgasen verschmutzt werden. Nehmen Sie nur unbeschädigte, reife Früchte. Essen Sie sie nicht gleich auf der Stelle, die Früchte müssen sehr sorgfältig gewaschen und gekocht werden.

Teil 1

Heilende Lebens-mittel

Für viele Menschen sind Lebensmittel nichts anderes als ein Treibstoff, der ihnen die Energie für den Tag liefert. Aber Lebensmittel können auch Krankheiten vorbeugen und sie sogar heilen. Sie enthalten überraschend viele Substanzen, die ohne Nebenwirkungen positiv auf Ihre Gesundheit wirken. In diesem Abschnitt stellen wir Ihnen alle heilenden Lebensmittel vor, aus denen Sie sich dann die aussuchen können, die Ihnen helfen können. Außerdem beschreiben wir die sieben wichtigsten Lebensmittel, die wahre Wunder der Natur und für eine gesunde Ernährung unerlässlich sind. Diese Top-Lebensmittel sollten möglichst oft auf den Tisch kommen.

Gemüse, Getreide und Hülsenfrüchte

WURZELGEMÜSE

KARTOFFELN

★ **Vitamine B, C, Folsäure und Kupfer, Phosphat, Kalium, Schwefel, Kohlenhydrate**

● **Verdauungssystem:** Diabetes, Gastritis, Magengeschwüre

Kartoffelsaft, gemischt mit Karotten- und Kohlsaft zu gleichen Anteilen und etwas Zitronensaft, kann die Probleme bei Magenkatarrh und Magengeschwüren lindern. Der Saft oder Brei von rohen Kartoffeln kann direkt auf verbrannte Haut, Insektenstiche, Ekzeme oder Furunkel aufgetragen werden. Gekeimte oder grüne Kartoffeln sollten unbedingt vermieden werden, sie können Magenprobleme verursachen.

REZEPTE: Hühnerbrust mit Selleriebrei (Seite 100), Löwenzahn-Speck-Kartoffel-Kuchen (Seite 100), Kartoffel-Brunnenkresse-Brei (Seite 103), Kartoffeln mit Kräutersoße (Seite 105).

ROTE BETE

★ **Vitamine A, B, C, dazu Eisen, Magnesium, Mangan, Kalium, Zink, Bioflavonoide, Fruchtzucker**

● **Herz und Kreislauf:** Anämie

Rote Bete ist sehr nahrhaft, leicht verdaulich und bietet eine Fülle an wertvollen Mineralien. Sie enthält Betaine, das ist eine Substanz, die den ph-Wert des Magensaftes reguliert und verdauungsfördernd wirkt. Rote Bete kann roh, gehackt oder gerieben gegessen werden. Ein Glas Rote-Bete-Saft pro Tag über einen Monat getrunken verbessert die Verdauungsfunktionen. Die Blätter der Roten Bete können gekocht ebenfalls verzehrt werden. Sie sind reich an Vitaminen und Mineralstoffen und unterstützen die Funktion der Leber.

REZEPTE: Borschtsch (Seite 86), Rote-Bete-Sellerie-Saft (Seite 113), eingelegte Rote Bete (Seite 114).

RETTICH UND RADIESCHEN

★ **Vitamin Folsäure, ausserdem Schwefel, Raphanol, Wasser**

● **Knochen und Gelenke:** rheumatoide Arthritis

● **Verdauungssystem:** Verdauungsstörungen

● **Atemwege:** Husten, Keuchhusten

Auch wenn Rettich und Radieschen nur sehr wenige Nährstoffe enthalten, so unterstützen sie doch mit dem Wirkstoff Raphanol die Gallentätigkeit und die Leerung der Gallenblase. Der Rettich ist wesentlich länger als das Radieschen und enthält erheblich mehr Raphanol. Eine Mischung aus Karotten- und Rettich-Saft zu gleichen Teilen ist sehr hilfreich für Menschen mit einer verminderten Leberfunktion, Gallenproblemen oder Gallensteinen. Beide Retticharten sollten am besten roh in Salaten verzehrt werden. Ein Sirup aus dem Rettich kann als schleimlösendes Mittel bei Husten und Keuchhusten verwendet werden. Die jungen Blätter des Radieschens enthalten wertvolle Mineralstoffe und sind eine ideale Zugabe zu Suppen.

REZEPTE: Radieschen-Kumquat-Salat (Seite 90), Kopfsalat (Seite 93), Rettich-Salat (Seite 93), Rettich-Sirup (Seite 124).

ZWIEBELN UND SCHALOTTEN

★ VITAMINE A, B, C, PLUS MAGNESIUM, PHOSPHAT, KALIUM, SCHWEFELVERBINDUNGEN, BIOFLAVONOIDE, ESSENTIELLES ÖL, FRUCHTZUCKER

- **KNOCHEN UND GELENKE:** rheumatoide Arthritis, Rheuma, Gicht
- **HERZ UND KREISLAUF:** Arteriosklerose
- **VERDAUUNGSSYSTEM:** Diabetes, Durchfall
- **IMMUNSYSTEM:** Erkältungen, Grippe
- **FRAUENLEIDEN:** Menstruationsbeschwerden

Zwiebeln haben eine antibiotische und pilztötende Wirkung. Sie bremsen das Wachstum von Tumoren, senken den Cholesterinspiegel und wirken der Bildung von Blutgerinnseln entgegen. Sie verhindern die Einlagerung von Flüssigkeit im Gewebe und wirken harntreibend. Zwiebeln sind das ideale Lebensmittel, um sowohl das Verdauungssystem als auch das Kreislaufsystem heilend zu unterstützen. Der Saft oder der abgekochte Sud hilft bei Verdauungsproblemen, Durchfall, Husten, Erkältungen und Grippe. Zwiebeln können roh gegessen werden. In Olivenöl eingelegt, sind sie besonders schmackhaft. Zwiebelsaft kann mit Karottensaft oder Wasser gemischt getrunken werden. Der frisch aufgetragene Saft hilft auch bei Insektenstichen, Warzen und Furunkeln.

REZEPTE: Zwiebeln in Cider (Apfelmost) (Seite 103).

LAUCH

★ VITAMINE B, C, DAZU KALZIUM, EISEN, MAGNESIUM, MANGAN, PHOSPHAT, KALIUM, SILICIUM, SCHWEFEL

- **KNOCHEN UND GELENKE:** rheumatoide Arthritis, Gicht
- **NIEREN UND BLASE:** Blasensteine

Lauch gehört zur selben Familie wie Knoblauch und Zwiebeln, enthält aber geringere Mengen der gleichen Wirkstoffe. Lauch wirkt harntreibend, abführend, antiseptisch und ist deshalb ideal für den Verdauungstrakt. Lauchsaft kann äußerlich angewendet werden bei Abszessen, Hautentzündungen, Stichen und Bissen. In Essig für 24 Stunden eingelegter Lauch wirkt gegen Hühneraugen und Hornhaut. Tragen Sie den Saft über Nacht auf die betroffenen Hautstellen auf.

REZEPTE: Buchweizen mit Lauchsoße (Seite 97), Kräuterlauch mit Polenta (Seite 99), Lauch-Sirup (Seite 124).

PASTINAKEN

★ VITAMINE C, FOLSÄURE UND E, DAZU PHOSPHAT, KALIUM, KOHLENHYDRATE, BALLASTSTOFFE

Pastinaken gehören zur selben Familie wie Karotten und Petersilie. Sie beinhalten eine winzige Menge an essentiellen Ölen, hauptsächlich Terpene, von denen angenommen wird, dass sie antikarzinogen wirken.

KNOLLENSELLERIE

★ VITAMINE: A, B, C, DAZU JOD, EISEN, MAGNESIUM, MANGAN, KALIUM, ANTIOXYGENE

- **HERZ UND KREISLAUF:** Fettstoffwechselstörung

Der Knollensellerie ist die Wurzel der Selleriepflanze. Er senkt den Cholesterinspiegel und verringert das Risiko von Darmkrebs.

REZEPTE: Hühnerbrust mit Selleriebrei (Seite 100).

WEISSE RÜBEN

★ VITAMINE A, B, C UND FOLSÄURE, AUSSERDEM KALZIUM, EISEN, MAGNESIUM, PHOSPHAT, KALIUM, SCHWEFEL, FRUCHTZUCKER

Weiße Rüben, ebenso wie Brokkoli, Weiß- und Rotkohl, Rosenkohl, Blumenkohl, Steckrüben, gehören zur Familie der Kreuzblüter (siehe Brokkoli, Seite 16). Von den Weißen Rüben können die Wurzeln und auch die jungen Blätter verzehrt werden, am besten roh im Salat.

REZEPTE: Weiße-Rüben-Salat (Seite 92).

Karotten

Karotten sind reich an Antioxygenen und schützen den Körper gegen verschiedene Arten von Krebs. Sie unterstützen das Immunsystem und wirken heilend bei vielen Problemen und Erkrankungen, vom unruhigen Schlaf bis hin zu Magengeschwüren.

Die Eigenschaften der Karotten

Die medizinischen Eigenschaften der Karotten waren schon den alten Griechen und Römern bekannt. Die damaligen Karotten waren sehr lang, dünn, gelb und hatten einen strengen Geruch. Heutige Karotten, die im 17. Jahrhundert in den Niederlanden gezüchtet wurden, sind orangefarben, dick und kurz.

Karotten gehören zu den wertvollsten Gemüsearten in der medizinischen Küche. Sie enthalten Vitamin A, Folsäure, Eisen, Kalium, Magnesium, Mangan, Schwefel, Kupfer, Carotin und Pektin.

Der hohe Pflanzenfaser- und Flüssigkeitsanteil dieses Gemüses wirkt verdauungsfördernd und hilft bei Verstopfung. Karotten haben aber auch zusammenziehende Eigenschaften, so dass sie auch ein gutes Mittel gegen Durchfall sind. Besonders gut wirken sie bei leichten Erkrankungen bei Kindern.

Ein Mittel gegen Durchfall bei Erwachsenen sind gekochte Karotten mit gekochtem Reis und dazu schwarzer Tee. Die jungen Blätter der Karotten sind reich an Mineralstoffen und können Suppen beigegeben werden. Mit Getreide gekocht und abgeseiht, sind sie ein gutes Stärkungsmittel für Kinder oder Menschen, die sich nach einer Krankheit wieder erholen wollen.

Rohe Karotten verhindern die Aktivität von Listeria-Bakterien und Salmonellen und senken damit das Risiko, an einer Lebensmittelvergiftung zu erkranken. Karotten sind ein Heilmittel bei chronischer Müdigkeit, Anämie, Immunschwäche, Magengeschwüren und Darmproblemen. Außerdem fördern sie bei stillenden Müttern die Milchbildung. Karottensaft enthält mehr wertvolle Inhaltsstoffe als gekochte Karotten und ist besonders gut für kleine Kinder. Rohe Karotten werden traditionell Pferden gegeben, die an einer Bronchitis leiden.

Karotten sollten immer geschält werden, damit Schadstoffe aus Düngung und Spritzung nicht mit verzehrt werden. Wenn es Ihnen möglich ist, kaufen Sie Karotten aus biologisch kontrolliertem Anbau.

Langfristige Vorteile

Karotten sind reich an Antioxygenen und helfen, Lungenkrebs und anderen Krebsformen vorzubeugen. Eine Ernährung mit vielen Karotten verhindert auch eine Erhöhung des Cholesterins im Blut. Karotten wirken einer Fettablagerung in den Arterien entgegen und stärken das Immunsystem.

Karotten sind billig und überall zu kaufen, sie sollten zwei- bis dreimal in der Woche verzehrt werden. Entweder roh in Salate geraspelt, als kleiner Imbiss zwischendurch oder als Saft.

Medizinische Heilmittel

Karottensamen kann man zu einem medizinischen Aufguss verwenden (siehe Seite 118), der den Appetit anregt, die Verdauung fördert, harntreibend wirkt und gegen Blähungen hilft.

Als Saft gemischt mit Gurke, Erdbeeren und Kerbel und äußerlich angewandt, wirken Karotten als Schönheitslotion und verbessern deutlich die Hautstruktur im Gesicht und am Dekolletee. Das Auftragen von Karottensaft auf die Haut lindert außerdem Ekzeme und Akne.

ANWENDUNGSBEREICHE

- **Herz und Kreislauf:** Anämie
- **Verdauungssystem:** Durchfall, Blähungen, Magengeschwüre
- **Nervensystem, Geist, Gemüt:** große Müdigkeit, Antriebsarmut
- **Haut, Haare, Nägel:** Akne, Dermatitis, Ekzeme

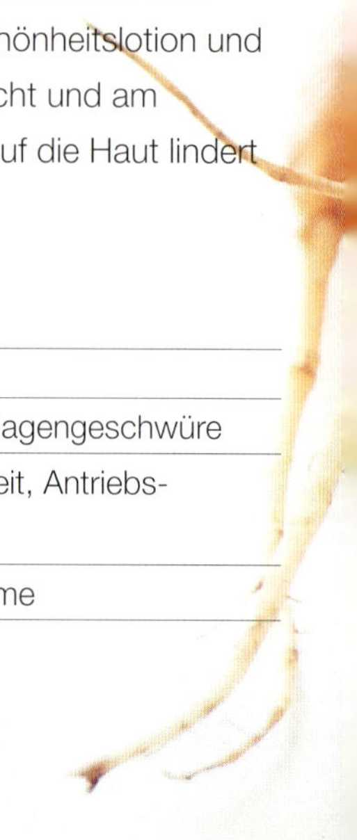

Karotten mit Rosmarin

30 g Butter
1 rote Zwiebel, in Scheiben geschnitten
1 kg Karotten, geschält und geschnitten
1 gehäufter Esslöffel fein gehacktes Rosmarin
5 Esslöffel frische Sahne oder Jogurt
Salz und Pfeffer
1 Esslöffel gehackte Petersilie

Die Butter schmelzen lassen und die Zwiebeln hinzufügen. Kurz andünsten lassen und dann die Karotten und das Rosmarin dazugeben. Den Topf schließen und auf kleiner Hitze etwa 30 Minuten garen lassen, bis die Karotten bissfest sind. Fügen Sie etwas Wasser hinzu, wenn der Karottensaft verkocht sein sollte. Am Ende der Garzeit wird Sahne oder Jogurt hinzugefügt und mit Salz und Pfeffer abgeschmeckt. Servieren Sie das Gericht mit gehackter Petersilie.

Karotten-Salat

500 g Karotten, geraspelt
Saft von 1 Zitrone
Saft von 1 Orange
1 Prise Salz

Mischen Sie alle Zutaten in einer großen Schüssel und stellen Sie sie vor dem Servieren bedeckt für eine Weile in den Kühlschrank.

Karotten-Kohl-Paprika-Saft

4 mittelgroße Karotten, grob geraspelt
½ Weißkohl, geviertelt und ohne Strunk
1 rote oder grüne Paprika, Samen entfernen
2 kleine Schalotten

Geben Sie alle Zutaten in den Mixer, fügen Sie notfalls etwas Wasser hinzu. Stellen Sie den Saft kurz in den Kühlschrank und servieren Sie ihn so bald wie möglich.

GRÜNES- UND BLATTGEMÜSE

BROKKOLI

★ **Vitamine A, C, Folsäure, E, ausserdem Kalzium, Eisen, Zink**

● **Herz und Kreislauf:** Bluthochdruck

Brokkoli ist wie viele andere Kreuzblüter wie Weiße Rüben, Kohl, Rosenkohl, Blumenkohl oder Steckrüben ein sehr wertvolles Gemüse. Er enthält viele Antioxygene und vermindert das Risiko, an verschiedenen Krebsarten, darunter auch Lungen- und Darmkrebs, zu erkranken. Vermeiden Sie zu lange Kochzeiten, da sonst zu viele der wertvollen Inhaltsstoffe verloren gehen.

REZEPTE: Brokkoli-Grüne-Bohnen-Saft (Seite 113).

GRÜNE BOHNEN

★ **Vitamine A, Folsäure, dazu Kupfer, Phosphat, Silicium, Kohlenhydrate, Chlorophyll**

● **Knochen und Gelenke:** rheumatoide Arthritis, Gicht, Rheuma

● **Nieren und Blase:** Nierensteine

Grüne Bohnen haben harntreibende Eigenschaften und sind deshalb besonders gut für die Nieren. Sie helfen bei Schwierigkeiten beim Wasserlassen und fördern die Produktion von weißen Blutkörperchen, die der Körper für das Immunsystem braucht. Bei Problemen mit Rheuma, bei Blasenstörungen oder zur Herzstärkung sollten Grüne Bohnen einen Monat lang täglich verzehrt werden. Das Kochwasser der Bohnen können Sie trinken oder als Grundlage für eine Suppe verwenden. Ein halbes Glas Bohnenwasser, jeden Morgen etwa vier Wochen lang getrunken, hat dieselbe heilende Wirkung.

REZEPTE: Grüne-Bohnen-Salat (Seite 91), Grüne Bohnen mit Dijon Senf (Seite 105), Grüne-Bohnen-Knoblauch-Saft (Seite 113), Brokkoli-Grüne-Bohnen-Saft (Seite 113).

MANGOLD

★ **Vitamine A, B, Folsäure, dazu Eisen**

Mangold ist eine Rübenart, die wegen ihrer Blätter angebaut wird. Mangold hat harntreibende und verdauungsfördernde Eigenschaften und ist sehr hilfreich bei Nieren- und Blasenentzündungen. Die gekochten Blätter können als Packung bei Verbrennungen, Abszessen und Furunkeln verwendet werden.

ROSENKOHL

★ **Vitamine A, C, Folsäure, E, dazu Eisen, Kalium**

Hier gilt das Gleiche wie beim Brokkoli.

REZEPTE: Rosenkohl mit Esskastanien (Seite 104).

LÖWENZAHN

★ **Vitamine A, B, C, Folsäure und Kalzium, Eisen, Mangan, Kalium, Silicium, Bioflavonoide, Bitterstoffe, Chlorophyll, Inulin**

● **Herz und Kreislauf:** Anämie, Fettstoffwechselstörung

● **Verdauungssystem:** Dickdarmkatarrh, Verstopfung, Gallensteine

● **Nieren und Blase:** Nierensteine

● **Haut, Haare, Nägel:** Ekzeme

Löwenzahn ist besonders geeignet für Menschen mit einer mangelhaften Leberfunktion oder mit Gallen- und Nierensteinen. Die jungen Blätter können roh als Salat verarbeitet werden oder gekocht wie anderes grünes Blattgemüse, etwa Spinat. Wenn Sie die Blätter zum Salat verarbeiten, fügen Sie auch die ungeöffneten jungen Knospen hinzu. Der frische Saft ist ein ausgezeichnetes Mittel gegen Warzen. Die Wurzel des Löwenzahns wird wegen ihrer antitoxischen Eigenschaften und ihrer harntreibenden Wirkung als Bestandteil für viele Medikamente genutzt.

REZEPTE: Löwenzahn-Speck-Kartoffel-Kuchen (Seite 100), Löwenzahn-Aufguss (Seite 117).

SPINAT

★ **Vitamine C, Folsäure, Carotin, dazu Eisen, Zink**

Spinat ist reich an Antioxygenen und fördert die Funktion der Bauchspeicheldrüse. Spinatsaft ist ein wirksames Kräftigungsmittel und ein Aufguss aus dem Samen ein mildes Mittel bei Verstopfung. Dazu übergießen Sie 10 g Samen mit 250 ml kochendem Wasser, lassen es 10 Minuten ziehen und gießen es dann ab. Die Blätter können als Packung bei Verbrennungen und Ekzemen gute Dienste tun. Ganz junge Blätter sollten Sie roh als Salat verzehren. Zu viel Spinat kann allerdings die Aufnahme von Kalzium stören. Menschen mit Gicht, Arthritis oder Entzündungen im Verdauungstrakt sollten übermäßiges Spinatessen vermeiden.

REZEPTE: Lammfleisch mit Spinat und Linsen (Seite 99), Würzspinat mit Pflaumen und Bohnen (Seite 101), Rote Meerbarbe mit rohem Spinatsalat (Seite 103).

BRUNNENKRESSE

★ **Vitamine A, B, C, E und Jod, Eisen, Mangan, Phosphat, Zink**

- **Knochen und Gelenke:** rheumatoide Arthritis, Rheuma
- **Herz und Kreislauf:** Anämie
- **Verdauungssystem:** Darmparasiten
- **Atemwege:** Bronchitis

Brunnenkresse regt den Appetit an und enthält blutreinigende, harntreibende, schleimlösende und antikarzinogene Substanzen. Sie ist besonders bei Schwäche zu empfehlen. Die Blätter oder der Saft können auch auf die Haut aufgetragen werden und lindern Entzündungen, Geschwüre und Furunkeln. Der Saft oder das Kochwasser ist ein stärkendes Tonikum für die Haare.

REZEPTE: Hüttenkäse mit Brunnenkresse (Seite 95), Kartoffel-Brunnenkresse-Brei (Seite 103).

BRENNNESSEL

★ **Vitamine A, C, Carotin, ausserdem Kalzium, Eisen, Magnesium, Kalium, Silicium, Schwefel**

- **Knochen und Gelenke:** rheumatoide Arthritis, Gicht, Rheuma
- **Herz und Kreislauf:** Anämie
- **Verdauungssystem:** Durchfall

Brennnesseln wirken harntreibend, zusammenziehend und blutreinigend. Sie unterstützen die Ausscheidung von Harnsäure, regen die Leberfunktion an, sorgen für einen guten Gallenfluss und stärken das Abwehrsystem. Sie sind besonders für Kinder und Genesende sehr geeignet, außerdem bei Menstruationsbeschwerden und anderen Blutungen.

REZEPTE: Brennnessel-Suppe (Seite 88), Brennnessel-Risotto (Seite 97), Heilbuttsteak mit Brennnesselbutter (Seite 101).

BLUMENKOHL

★ **Vitamine C, Folsäure, E und Kalium, Zink, Carotin**

- **Knochen und Gelenke:** rheumatoide Arthritis

Siehe unter Brokkoli.

REZEPTE: Eingelegter Blumenkohl (Seite 114).

SALATE

KOPFSALAT

★ **Vitamine A, C, D, Folsäure, E, ausserdem Eisen, Mangan, Kalium, Zink, Laktoflavin**

- **Nervensystem, Geist, Gemüt:** Schlaflosigkeit

Im Mittelalter wurde Kopfsalat als Vorspeise zu einer Mahlzeit gereicht, um den Appetit anzuregen. Weil er besonders faserreich ist, fördert er die Verdauung. Kopfsalat enthält Laktoflavin, das beruhigend und schmerzlindernd wirkt und bei leichter Schlaflosigkeit hilft. Der Kopfsalatsamen ist medizinisch der wertvollste Teil der Pflanze. Der Sud der abgekochten Samen hilft bei Asthma, Bronchitis, krampfartigem Husten und auch bei Schlaflosigkeit. Der Sud aus abgekochten Blättern wirkt äußerlich angewendet entzündungshemmend bei Akne und Bindehautentzündung.

REZEPTE: Salat-Basilikum-Saft (Seite 113), Salatsamen-Sud (Seite 120).

KRAUSER BLATTSALAT

★ **Vitamine A, B, C, Folsäure, dazu Eisen, Chlorophyll**

- **Knochen und Gelenke:** rheumatoide Arthritis
- **Herz und Kreislauf:** Anämie, Arteriosklerose
- **Verdauungssystem:** Verstopfung, Lebensmittelvergiftung
- **Nieren und Blase:** Blasensteine

Krauser Blattsalat ist gut geeignet bei Verdauungsstörungen. Er enthält antitoxische Substanzen und wirkt harntreibend. Dadurch wird die Bildung von Harnsäurekristallen verhindert. Er hilft aber auch bei Problemen mit den Atemwegen, da er eine schleimlösende Wirkung hat.

RAUKE

★ **Vitamine A, B, C, Folsäure und Eisen, Chlorophyll**

- **Verdauungssystem:** Verdauungsstörungen

In der italienischen Küche ist Rauke sehr verbreitet. Rauke kann roh als Salat gegessen werden oder kurz gedünstet als Gemüse gereicht werden. Rauke regt den Appetit an und wirkt verdauungsfördernd.

Kohl

Kohl ist ein sehr bekanntes und altes Heilmittel bei verschiedenen Arten von Verdauungsstörungen. Er enthält ausserdem viele Antioxygene, die das Immunsystem stärken und den Körper unterstützen, Infektionen zu überwinden.

Die Geschichte des Kohls

Die heilenden Wirkstoffe im gewöhnlichen Kohl sind in Europa seit tausenden von Jahren bekannt. Die Slawen, Kelten, Basken und Germanen nutzten den Kohl sowohl als Nahrungs- als auch als Heilmittel. Die Römer betrachteten den Kohl als ein Universalmittel gegen alle möglichen Leiden. Es gibt Wissenschaftler, die behaupten, der Anbau von Kohl reiche zurück bis in das Neolithische Zeitalter. Kohl gehört zur Familie der Kreuzblütler, ebenso wie Brokkoli und Weiße Rüben. Es gibt ihn in vielen verschiedenen Farben, Größen und Sorten.

Die Wirkstoffe des Kohls

Kohl ist reich an den Vitaminen A, B, C, K, E und an Kalium, Schwefel und Kupfer. Außerdem enthält er eine Reihe verschiedener Antioxygene, die das Risiko senken, an Darmkrebs oder Herzgefäßveränderungen zu erkranken. Kohl wirkt entzündungshemmend, harntreibend und senkt den Blutzuckerspiegel. Als Heilmittel wird er eingesetzt bei Verdauungsstörungen, Gastritis, Magengeschwüren, Dickdarmkatarrh und Divertikulose. Studien haben ergeben, dass Kohlsaft ein hervorragendes Heilmittel bei Magengeschwüren ist. Bei Entzündungen im Verdauungssystem wird geraten, jeden Morgen ein kleines Glas Kohlsaft zu trinken, und das über einen Zeitraum von mehreren Wochen. Kohlsaft wirkt auch blutreinigend. Da die Substanzen im Kohl auch das Immunsystem stärken, ist er auch ein gutes Heilmittel bei Erkältungen, Katarrhen, Kehlkopfentzündung und anderen Infektionen der oberen Atemwege. Der große Anteil an Schwefel macht den Kohl auch zu einem Heilmittel bei Rheuma und Arthritis. Im Kohl befindet sich eine geringe Menge einer Substanz, die die Aktivität der Schilddrüse vermindert. Ein übermäßiger Kohlgenuss kann bei Menschen mit Jodmangel zu einer leichten Schilddrüsenunterfunktion führen.

Kohl in der Ernährung

Viele der wertvollen Stoffe im Kohl gehen beim Kochen verloren. Den größten medizinischen Wert haben daher roher Kohl, geraspelt als Salat, Kohlsaft und Sauerkraut. Es enthält eine hohe Konzentration an Laktobazillen, die wohltuend, reinigend und heilend auf die Darmflora wirken.

Kohl äußerlich angewendet

Kohlblätter als Packung äußerlich angewendet wirken heilend bei Wunden, Brüchen, Verstauchungen, Verbrennungen und lindern Entzündungen, die durch Rheuma, Arthritis oder Gicht verursacht werden. Kohlsaft kann auch bei Ekzemen oder Akne aufgetragen werden. Kohlblätter auf den Augen lindern Entzündungen.

ANWENDUNGSBEREICHE

- **Knochen und Gelenke:** rheumatoide Arthritis, Rheuma
- **Herz und Kreislauf:** Raynaud-Krankheit (Gefäßerkrankung)
- **Verdauungssystem:** Dickdarmkatarrh, Divertikulitis, Gastritis, Magengeschwüre
- **Atemwege:** Asthma, Husten

Kohl mit Esskastanien

Dieses Gericht passt sehr gut zu gebratenem Schweinefleisch.

1 mittelgroßer Weißkohl (ersatzweise auch Rotkohl oder Rosenkohl)
2 Esslöffel Olivenöl
4 mittelgroße, rote Zwiebeln, gehackt
300 g Esskastanien, geschält und gekocht
Salz
Kreuzkümmel

Schneiden Sie den Kohl in kleine Streifen, und blanchieren Sie ihn 15 Minuten in gesalzenem, kochenden Wasser. In einem zweiten, großen Topf werden die Zwiebeln im Olivenöl auf kleiner Flamme kurz angedünstet. Geben Sie nun den Kohl und die gekochten Esskastanien dazu und lassen das Ganze weitere 5 Minuten köcheln. Vor dem Servieren wird etwas Kreuzkümmel über das Gericht gestreut.

Kohl-Karotten-Heidelbeer-Saft

2 Teile frischen Kohlsaft
2 Teile frischen Karottensaft
1 Teil Heidelbeersaft

Mischen Sie die Teile, und kühlen Sie den Saft kurz vor dem Servieren.

SELLERIE

★ **Vitamine A, B, C, ausserdem Kalzium, Magnesium, Mangan, Kalium, essenzielles Öl**

● **Knochen und Gelenke:** Gicht, Rheuma

● **Nieren und Blase:** Nieren- und Blasensteine

● **Immunsystem:** Halsschmerzen

Sellerie hilft bei Verdauungsstörungen und Appetitmangel. Die Wirkstoffe bleiben am besten erhalten, wenn man ihn roh isst, geraspelt im Salat. Man kann ihn aber auch als Saft trinken, eventuell gemischt mit Karotten- oder anderen Gemüsesäften. Als Suppe zubereitet ist er besonders leicht verdaulich. Frischer Selleriesaft wirkt antiseptisch und hilft bei Mundentzündungen und Halsschmerzen. Selleriesaft gemischt mit Karottensaft kann die Heilung der Haut fördern. Da Sellerie sehr wenig Kalorien enthält, ist er ein idealer Bestandteil einer Diät zur Gewichtsreduzierung.

REZEPTE: Sellerie mit Wein und Kräutern (Seite 104), Kohl-Karotten-Sellerie-Saft (Seite 113), Rote-Bete-Sellerie-Saft (Seite 113).

TOMATEN

★ **Vitamine A, B, C, Folsäure, dazu Spurenelemente, Antioxygene**

● **Knochen und Gelenke:** rheumatoide Arthritis, Rheuma

● **Verdauungssystem:** Entzündung der Gallenblase, Verstopfung, Gallensteine

● **Nieren und Blase:** Blasensteine

Tomaten unterstützen den Abfluss der Harnsäure und verhindern dadurch die Bildung von Harnsäurekristallen. Sie vermindern das Risiko einer Entzündung im Verdauungsapparat und sorgen mit für eine gesunde Darmflora. Leider sind viele Tomaten nicht sehr wertvoll, weil sie entweder im Treibhaus zu schnell herangezogen oder genetisch verändert wurden. Biologisch angebaute Tomaten sind als Heilmittel wesentlich wirkungsvoller.

REZEPTE: Tomatensoße (Seite 97), Polenta mit Basilikum-Tomaten-Soße (Seite 99), Sellerie-Tomaten-Saft (Seite 112).

BLATTSALAT

★ **Vitamine B, C, Folsäure, K und Eisen, Magnesium, Bioflavonoide**

Chicorée, Frisée, Eichblatt oder Endivie haben eine leicht harntreibende Wirkung. Darüber hinaus enthalten sie Bitterstoffe, die gut für die Leber und Gallenblase sind. Chicorée-Wurzeln werden auch getrocknet und geröstet und sind eine koffeinfreie Alternative zum Kaffee.

REZEPTE: Kopfsalat (Seite 93).

GURKEN

★ **Vitamine A, B, C und Jod, Mangan, Schwefel**

● **Knochen und Gelenke:** Gicht, Rheuma

● **Verdauungssystem:** Dickdarmkatarrh, Geschwüre

Gurken haben einen hohen Wasseranteil. Sie wirken harntreibend, entzündungshemmend, unterstützen den Abfluss von Harnsäure und sind heilsam für den Darm. Sie sollten, wenn möglich, mit der Schale gegessen werden. Achten Sie beim Kauf auf Gurken aus biologisch kontrolliertem Anbau. Gurkenscheiben oder -saft helfen äußerlich bei Hautentzündungen und versorgen trockene Haut mit Feuchtigkeit. Für eine Maske mixen Sie 1 Esslöffel frische Sahne mit gleichen Teilen von Gurken-, Melonen- und Kürbissamen. Diese Creme wird auf das Gesicht aufgetragen und nach 30 Minuten wieder abgewaschen.

REZEPTE: Ananas-Gurken-Salat (Seite 93), Gurken-Salat (Seite 93), Reis mit Gurkenbällchen (Seite 103), Gurken-Salatherz-Saft (Seite 113).

ZUCCHINI

★ **Vitamine A, B, C und Magnesium, Phosphat, Kalium, Zink, Carotin**

● **Verdauungssystem:** Verdauungsstörungen, Magen-Darm-Katarrh

● **Nervensystem, Geist, Gemüt:** Schlaflosigkeit

Zucchini sind sehr gut für den Verdauungsapparat. Sie wirken leicht abführend, harntreibend und helfen bei Blasen- und Nierenentzündungen. Zucchinis sind Bestandteil vieler Krankendiäten. Sie können roh als Salat gegessen werden oder kurz gedünstet. Zucchinisaft kann mit anderen Säften gemischt und täglich getrunken werden. Der Saft oder das zerdrückte Fleisch wird bei Entzündungen oder Abszessen auf die Haut aufgetragen. Mit Heilerde vermischt ergibt das zerdrückte Fruchtfleisch eine Schönheitsmaske.

REZEPTE: Zucchini-Kuchen (Seite 97).

PAPRIKA

★ **Vitamine A, C und Antioxygene**

● **Knochen und Gelenke:** Rheuma

● **Verdauungssystem:** Durchfall, Verdauungsstörungen, Blähungen

Es gibt grüne, gelbe und rote Paprika. Die Farbe gibt an, in welcher Reifephase der Paprika geerntet wurde. Paprika kann roh in Salaten oder gedünstet und gegrillt gegessen werden. Sie finden ihn als Bestandteil in vielen mediterranen Gerichten.

REZEPTE: Gefüllte Paprika (Seite 98).

FEINSCHMECKER-GEMÜSE

ARTISCHOCKEN

★ **VITAMINE A, B, C UND EISEN, MANGAN, PHOSPHAT, CYNARIN**

Artischocken enthalten Substanzen, die sich heilsam auf die Nieren und die Leber auswirken. Sie fördern die Harnausscheidung und den Entgiftungsprozess der Leber. Die Artischocke verbessert den Gallenfluss und ist aus diesem Grunde sehr hilfreich für die Fettverdauung. Ihre Wirkstoffe verringern auch den Cholesterinspiegel im Blut. Einige Sorten junger Artischocken können roh als Salat verzehrt werden. Die meisten Arten müssen jedoch gekocht werden. Das Kochwasser sollten Sie nie wegschütten, sondern trinken, denn es enthält viele der wertvollen Bitterstoffe. Eine Packung aus Artischockenblätter ist gut bei Leber- und Nierenproblemen. Artischocken entgiften und helfen daher bei Rheuma, Gicht oder Wasseransammlung im Gewebe. Stillende Frauen sollten Artischocken meiden, denn sie machen die Milch bitter und dämmen die Milchproduktion ein.

REZEPTE: Römische Artischocken (Seite 95), Artischocken-Wein (Seite 123), Artischocken-Tinktur (Seite 124).

FENCHEL

★ **VITAMINE A, B-KOMPLEX UND PHOSPHAT, KALIUM, SCHWEFEL, ESSENZIELLES ÖL**

● **VERDAUUNGSSYSTEM:** Unterleibskrämpfe, Koliken, Übelkeit

● **NERVENSYSTEM, GEIST, GEMÜT:** Kopfschmerzen

● **FRAUENLEIDEN:** Menstruationsbeschwerden

Fenchel regt den Appetit an, fördert die Verdauung und aktiviert den Gallenfluss. Am besten ist es, wenn er roh als Salat verzehrt wird. Er lässt sich gut mit Radicchio mischen, aber natürlich schmeckt er auch gekocht ausgezeichnet. Wenn Fenchel mit Hülsenfrüchten kombiniert wird, fördert er die Verdauung und verhindert die Entstehung von Gasen. Ein Aufguss mit Fenchelsamen hat den gleichen medizinischen Effekt wie das Essen der Knolle. Fenchel kann von stillenden Frauen verzehrt werden, um den Appetit des Babys anzuregen, die Verdauung des Kindes zu fördern und Koliken vorzubeugen.

REZEPTE: Fenchel-Radicchio-Salat (Seite 91), Fenchel mit Wein (Seite 104), Fenchel-Aufguss (Seite 117), Maishaar-Fenchelsamen-Sud (Seite 119), Fenchelsamen-Sud (Seite 120).

ALGEN

★ **VITAMINE C, KALZIUM, EISEN, MAGNESIUM, PHOSPHAT, KALIUM, NATRIUM**

● **HERZ UND KREISLAUF:** Ateriosklerose, Bluthochdruck

Algen schützen vor Bakterien und enthalten antikarzinogene Wirkstoffe. Sie stärken das Immunsystem, wirken heilend bei Geschwüren und senken den Cholesterinspiegel. Sie wirken blutdrucksenkend, verdünnen das Blut und schützen vor Herzgefäßerkrankungen.

AVOCADO

★ **VITAMINE A, B, C, FOLSÄURE UND ESSENZIELLE AMINOSÄUREN**

Avocados verhindern die Entwicklung von verschiedenen Arten von Bakterien im Darm und helfen dabei, den Cholesterinhaushalt zu regulieren. Zerdrückte Avocados können auf das Gesicht aufgetragen werden und wirken gegen Hauttrockenheit. Avocadomasken können auch mit Eiweiß, Eigelb oder Honig kombiniert werden.

REZEPTE: Avocado-Dressing (Seite 89), Avocado-Tartar (Seite 95).

JERUSALEM-ARTISCHOCKE (SQUASH)

★ **VITAMINE A, C UND SPURENELEMENTE, INULIN**

● **VERDAUUNGSSYSTEM:** Verstopfung, Verdauungsstörungen, Gastritis

Die Jerusalem-Artischocke ist ein nahrhaftes Lebensmittel, das leider oft nicht genug beachtet wird. Sie ist gut geeignet für Diabetiker. Um den Wertstoffgehalt zu erhalten, sollten Sie die Artischocke roh in den Salat schneiden oder nur ganz kurz kochen. Verwenden Sie das Kochwasser als Grundlage für eine Suppe.

SPARGEL

★ **VITAMINE A, B_1, B_2, C, FOLSÄURE, AUSSERDEM KUPFER, FLUORIDE, MANGAN, SCHWEFEL, ASPARAGIN**

● **HERZ UND KREISLAUF:** Arteriosklerose, Bluthochdruck, Fettstoffwechselstörung

● **VERDAUUNGSSYSTEM:** Verstopfung

Spargel wirkt harntreibend, hat sehr wenig Kalorien und durch den hohen Pflanzenfaseranteil eine wohltuende Wirkung auf den Verdauungstrakt. Er verhindert die Entwicklung von Bakterien im Darm und enthält antikarzinogene Substanzen. Der aktive Wirkstoff Asparagin hat einen reizenden Effekt. Deswegen sollte man bei Gicht, Rheuma oder Blasenentzündung Spargel meiden. Spargel kann roh oder geraspelt jedem Salat zugefügt werden, am häufigsten wird er jedoch gekocht.

REZEPTE: Warmer Spargel-Salat (Seite 93), Spargel-Sirup (Seite 125).

KÜRBIS

★ **Folsäure, Antioxygene, Carotin**

● **Verdauungssystem:** Diabetes, Ruhr, Verdauungsstörungen

● **Nieren und Blase:** Blasenentzündung

● **Nervensystem, Geist, Gemüt:** Schlaflosigkeit

Kürbisse sind sehr kalorienarm und enthalten viel Wasser. Der Kürbissaft wirkt abführend. Das Fleisch hat, auf die Haut aufgetragen, eine heilende Wirkung bei Entzündungen, Verbrennungen und Abszessen. Kürbissamen, in Wasser oder Milch aufgekocht, hilft bei Schlaflosigkeit und Blasenentzündung. Geröstete Kürbissamen schmecken nicht nur gut, sondern sind reich an essenziellen Fettsäuren, an Magnesium, Phosphat, Zink und Schwefel.

REZEPTE: Kürbis-Strudel (Seite 101), Kürbis in Sirup (Seite 106).

SCHWARZWURZELN

★ **Kohlenhydrate, Inulin**

● **Knochen und Gelenke:** rheumatoide Arthritis, Gicht

● **Verdauungssystem:** Diabetes

● **Haut, Haare, Nägel:** Ekzeme

Schwarzwurzeln sind längliche Wurzeln, ähnlich der Pastinake. Sie werden leider nur sehr selten in der Küche verwendet. Schwarzwurzeln enthalten antitoxische Substanzen und wirken wohltuend auf die Leber und die Nieren. Wenn Sie Schwarzwurzeln schälen, sollten Sie kaltes Wasser mit dem Saft einer halben Zitrone oder mit zwei Esslöffeln Essig mischen und die Wurzeln gleich nach dem Schälen eintauchen, damit sie nicht schwarz anlaufen. Der Saft der Schwarzwurzel ist ein gutes Heilmittel gegen Warzen.

REZEPTE: Schwarzwurzeln (Seite 104).

AUBERGINEN

★ **Vitamine A, B, C ausserdem Kalzium, Kupfer, Magnesium, Mangan, Phosphat, Kalium, Zink, Bioflavonoide**

● **Verdauungssystem:** Verstopfung

Auberginen sind kalorienarm und sehr verbreitet in der mediterranen, indischen und orientalischen Küche. Sie haben eine leicht abführende Wirkung und regen die Funktion von Leber und Bauchspeicheldrüse an. Unreife Auberginen sind leicht toxisch. Auberginen sollten vor dem Verzehr immer gekocht oder gebraten werden. Eine Stunde vor der Zubereitung sollten die Auberginenscheiben mit Salz bestreut werden. Danach werden die Scheiben trocken getupft. Das herausgetretene Wasser verhindert, dass das Gemüse beim Braten zu viel Fett aufsaugt. Auberginenblätter haben eine kühlende Wirkung und sollten bei Entzündungen, Verbrennungen, Abszessen und Ekzemen aufgelegt werden.

REZEPTE: Paprika-Auberginen-Salat (Seite 89), Geräucherter Lachs mit Auberginensoße (Seite 97).

PILZE

★ **Kupfer, Jod, Mangan, Kalium, Selen, Zink, Proteine**

Pilze stärken das Immunsystem und sind eine gute Proteinquelle bei vegetarischer Ernährung. Selbst gesammelte Waldpilze müssen unbedingt eindeutig als essbar identifiziert werden, da es viele giftige Sorten gibt. Waldpilze sollten sorgfältig gebraten und nicht roh als Salat zubereitet werden.

REZEPTE: Buchweizenpfannkuchen mit Feldchampignons (Seite 98).

HÜLSENFRÜCHTE

BOHNEN (ROTE KIDNEY-BOHNEN, GRÜNE BOHNEN, WACHSBOHNEN, FEUERBOHNEN)

★ **Kalzium, Eisen, Magnesium, Phosphat, Kalium, Kohlenhydrate, Proteine**

● **Verdauungssystem:** Diabetes

Bohnen sind ein gutes Lebensmittel für Menschen mit Diabetes oder schwacher Leberfunktion. Bei rheumatischen Erkrankungen oder Gicht sollte man allerdings vorsichtig sein. Bohnensprossen sind schmackhaft und sehr nährstoffreich. Gekocht sind Bohnen leichter verdaulich. Die Verdauung wird auch durch die Beigabe von Kräutern wie Thymian, Lorbeer, Bohnenkraut und Knoblauch gefördert. Rote Kidney-Bohnen enthalten eine Substanz, die den Magen reizen kann – sie sollten deswegen 15 Minuten kräftig gekocht werden.

REZEPTE: Mediterraner Bohnen-Salat (Seite 90), Würzspinat mit Pflaumen und Bohnen (Seite 101), Bohnen mit Karotten und Zwiebeln (Seite 104).

SOJA

★ **Vitamine A, B-Komplex, Folsäure dazu Kalzium, Magnesium, Kohlenhydrate, Ballaststoffe, Lecithin, Proteine**

Soja als Miso, Tofu, Bohnen oder Sprossen sind ein traditionelles Lebensmittel in der östlichen Küche. Die Sojapflanze wird inzwischen immer häufiger gentechnisch verändert. Sojasprossen wirken entzündungshemmend, helfen bei Magenproblemen und lindern Rheuma.

LINSEN

★ **Folsäure, Kalzium, Eisen, Kalium, Proteine, Kohlenhydrate**

● **Herz und Kreislauf:** Arteriosklerose, Bluthochdruck

● **Verdauungssystem:** Diabetes, Verstopfung

Linsen sind sehr nahrhaft und regulieren die Dickdarmfunktion. Sie sollten regelmäßig auf dem Speiseplan stehen. Linsen sind ein gutes Lebensmittel in der Schwangerschaft und wirken cholesterinsenkend. Linsen und Hülsenfrüchten allgemein wird eine krebshemmende Eigenschaft nachgesagt.

REZEPTE: Linsensuppe (Seite 89), Lammfleisch mit Spinat und Linsen (Seite 99).

KICHERERBSEN

★ **Kalzium, Eisen, Magnesium, Phosphat, Kalium, Silicium, KOhlenhydrate, Proteine**

● **Verdauungssystem:** Darmparasiten

Kichererbsen sind Hauptbestandteil der Mittelmeer-Küche und der Küche vieler nordafrikanischer Länder. Sie sind sehr nahrhaft, leicht verdaulich und haben antiseptische, harntreibende Substanzen. Sie sind hilfreich bei Entzündungen der Harnwege und bei Verdauungsstörungen.

REZEPTE: Kichererbsenbrühe (Seite 86).

SAUBOHNEN

★ **Kalzium, Eisen, Magnesium, Phosphat, Kalium, Kohlenhydrate, Proteine**

● **Verdauungssystem:** Durchfall, Ruhr

Saubohnen unterstützen die Funktion von Nieren und Blase. Ein Aufguss der Blüten (eine Hand voll mit 150 ml kochendem Wasser übergießen und 10 Minuten ziehen lassen) lindert Schmerzen von Nierensteinen und Ischias.

REZEPTE: Saubohnen-Suppe (Seite 86).

ERBSEN

★ **Vitamine C, Folsäure und Eisen, Phosphat, Kohlenhydrate, Proteine**

Erbsen sind sehr nahrhaft und wirken unterstützend auf die Darmfunktion.

REZEPTE: Erbsen mit Speck (Seite 104).

GETREIDE

MAIS

★ **Vitamine A, B, E und Eisen, Magnesium, Phosphat, Kalium, Kohlenhydrate, mehrfach ungesättigte Fettsäuren**

Mais kann als ganzer Kolben zubereitet werden, in Form von Mehl als Grundlage für Polenta, oder die Körner werden vom Kolben gelöst und gekocht zu einem Salat verarbeitet. Mais ist ein ideales Getreide für Menschen mit Gluten-Allergie. Er regelt außerdem die Funktion der Schilddrüse. Maisöl ist reich an mehrfach ungesättigten Fettsäuren und verhindert dadurch ein Ansteigen des Cholesterinspiegels im Blut. Es eignet sich gut für die Zubereitung von Salatsoßen, aber nicht zum Kochen oder Braten, da die Hitze seine Wirkstoffe zerstört.

REZEPTE: Polenta mit Basilikum-Tomaten-Soße (Seite 99), Maishaar-Fenchelsamen-Sud (Seite 119).

HIRSE

★ Eisen, Magnesium, Phosphat, Silicium, Kohlenhydrate, Proteine

Hirse eignet sich ebenfalls für die glutenfreie Ernährung. Sie hat einen ausgleichenden Effekt auf das Nervensystem und wirkt in der Schwangerschaft oder nach Erkrankungen stärkend auf den gesamten Körper. Hirse schwemmt beim Kochen stark auf, weil sie viel Feuchtigkeit aufnimmt. Da sie stark sättigt, ist sie ein guter Bestandteil bei einer Diät zur Gewichtsreduzierung.

REZEPTE: Huhn-Hirse-Gerste-Sellerie-Pilau (Seite101).

GERSTE

★ Vitamine B, E und Kalzium, Kupfer, Jod, Eisen, Magnesium, Kalium, Kohlenhydrate, L-Tryptophan

● **Verdauungssystem:** Durchfall, Verdauungsstörungen

● **Nervensystem, Geist, Gemüt:** leichte Schlaflosigkeit

● **Frauenleiden:** Prämenstruelles Syndrom

Gerste ist gut für das Verdauungs- und Nervensystem. Es enthält den Wirkstoff L-Tryptophan, eine Aminosäure, die bei leichter Schlaflosigkeit und dem prämenstruellen Syndrom hilft. Gerste verringert den Blutzuckerspiegel und ist hilfreich bei Durchfall. Die wertvollen Enzyme werden beim Kochen jedoch weitgehend zerstört. Um die optimale medizinische Wirkung zu gewährleisten ist es am besten, Gerstenwasser zu trinken, das aus gekeimter Gerste hergestellt wird. Die ganzen gesprossenen Gerstenkörner können ebenfalls gegessen werden.

REZEPTE: Gerste-Frucht-Brei (Seite 69), Kichererbsenbrühe (Seite 86), Huhn-Hirse-Gerste-Sellerie-Pilau (Seite 101), Gerste-Aufguss (Seite 118), Gerstenwasser (Seite 120).

HAFER

★ Folsäure, Kalzium, Eisen, Magnesium, Phosphat, Kalium, Natrium, Kohlenhydrate, Fettsäuren, Proteine

● **Verdauungssystem:** Diabetes

● **Nervensystem, Geist, Gemüt:** Depressionen, Schlaflosigkeit, Erschöpfung

Hafer ist nahrhaft und senkt den Cholesterinspiegel im Blut. Er hat harntreibende Bestandteile, reguliert die Schilddrüsenfunktion und ist gut geeignet für Diabetiker. Eine Haftertinktur wird häufig von homöopathischen Ärzten bei Schlaflosigkeit, leichten Depressionen und Erschöpfung verordnet.

REIS

★ Vitamine A, B-Komplex, ausserdem Mineralstoffe, Spurenelemente, Kohlenhydrate, Proteine

● **Verdauungssystem:** Durchfall, Diabetes, Divertikulitis

Reis ist nährstoffreich und wirkt blutdrucksenkend. Das Kochwasser hilft bei leichtem Durchfall. In Vietnam ist es üblich, eine Tasse voll Reis in einer Mischung aus Wasser und Honig einzuweichen. Er wird dann abgeseiht und im Wok ohne Zusatz von Öl gebraten. Wenn der Reis Farbe angenommen hat, werden zwei Liter Wasser angegossen und der Reis gekocht, bis er gar ist. Das Reiswasser wird zur Vorbeugung gegen Durchfall getrunken. Dieses Wasser ist ein energiereiches Getränk für alle Rekonvaleszenten. Reis eignet sich ebenfalls für eine glutenfreie Ernährung. Weil beim polierten weißen Reis die meisten Inhaltsstoffe entfernt sind, empfiehlt sich die Verwendung von ungeschältem braunen Reis.

REZEPTE: Gefüllte Paprika (Seite 98), Brennnessel-Risotto (Seite 97), Reis mit Gurkenbällchen (Seite 103).

WEIZEN

★ Vitamine A, B, E und Kohlenhydrate, Proteine

Weizen ist das gebräuchlichste Getreide in westlichen Ländern. Durch die intensive Weiterverarbeitung wird ihm leider viel von seinen wertvollen Inhaltsstoffen geraubt. Gekeimter Weizen enthält sehr viel Proteine und Vitamine. Weizen enthält Enzyme, die verdauungsfördernd sind und Probleme des Verdauungstraktes lindern.

REZEPTE: Taboulé (Seite 94).

ROGGEN

★ Kalzium, Eisen, Kalium, Schwefel, Kohlenhydrate

● **Herz und Kreislauf:** Arteriosklerose, Bluthochdruck

Roggen enthält eine Substanz, die das Blut verdünnt und die Herzfunktion stärkt. Herzgefäßveränderungen sind in Ländern, in denen viel Roggen verzehrt wird, deutlich seltener.

BUCHWEIZEN

★ Vitamin A, Proteine, Selen, Kohlenhydrate, wichtige Aminosäuren, Rutin

Buchweizen enthält Rutin, eine Substanz, die das Herz schützt. Da es glutenfrei ist, bietet es eine gute Alternative zu anderen Getreidearten für Menschen mit einer Gluten-Allergie.

REZEPTE: Buchweizen mit Lauchsoße (Seite 97), Buchweizenpfannkuchen mit Feldchampignons (Seite 98).

Oliven

Oliven sind ein wichtiger Bestandteil der mediterranen Küche. Ihre Substanzen regulieren den Cholesterinspiegel im Blut und verringern das Risiko von Herzkranzgefäss-erkrankungen.

Die Wirkstoffe der Oliven

In der Bibel finden wir sehr viele Hinweise auf Oliven. Es wird angenommen, dass Oliven schon vor etwa 6000 Jahren in Syrien angebaut wurden. Heute werden Oliven in Italien, Griechenland, Frankreich, Spanien, Portugal, in der Türkei, in Israel, Australien, Afrika und in vielen Ländern des Nahen Ostens angebaut.

Oliven enthalten die Vitamine A und E, Phosphat, Kalium, Magnesium, Mangan, Antioxygene, Olein- und Linolensäure. Schwarze Oliven sind leichter verdaulich und haben einen höheren Gehalt an Vitaminen und Antioxygenen als grüne. Nur die schwarzen Oliven sind unbehandelt genießbar; die grünen müssen mehrmals in Salzwasser gewaschen werden, damit sie ihren bitteren Geschmack verlieren.

Studien haben ergeben, dass Menschen, die viel Oliven und Olivenöl und wenig tierische Fette zu sich nehmen, eine größere Chance haben, vor Herzerkrankungen bewahrt zu bleiben, als Menschen, die viel tierisches Fett zu sich nehmen. Der hohe Anteil an Oleinsäure reguliert den Cholesterin-Haushalt und verhindert, dass sich Fett in den Arterien ablagert. Dadurch sinkt das Risiko, an Arteriosklerose zu erkranken. Oliven sind auch ein heilendes Lebensmittel bei Diabetes, Verstopfung und Gallensteinen. Bei Gallensteinen oder Verstopfung sollten jeden Morgen zwei Esslöffel kaltgepresstes Olivenöl auf nüchternen Magen eingenommen werden. Zur Geschmacksverbesserung kann die gleiche Menge Zitronensaft zugefügt werden.

Die Blätter des Olivenbaumes können bei Bluthochdruck, Arteriosklerose, Blasensteinen, Diabetes und Angina gute Dienste leisten. Dazu werden 50 g getrocknete Blätter (oder 80 g frische) in 1 Liter Wasser aufgekocht. Der Sud muss etwa 10 Minuten bedeckt ziehen und wird dann abgeseiht. Trinken Sie 150 ml von diesem Aufguss 3- bis 4-mal am Tag. Olivenöl wird seit Jahrhunderten auch in der Kosmetik verwendet. Es ist ein wirksames Mittel bei Psoriasis, trockener Haut und Ekzemen.

Olivenöl richtig auswählen

Traditionell wird Olivenöl in Steinmühlen hergestellt, in denen die Früchte zerquetscht werden. Inzwischen gibt es aber auch modernere technische Verfahren. Das beste Olivenöl ist das kaltgepresste „extra virgin“ aus der ersten Pressung. Auch wenn die Farbe des Öls von Land zu Land und von Jahr zu Jahr unterschiedlich sein kann, hat dieses Öl die meisten wertvollen Inhaltsstoffe. Kaufen Sie möglichst keine minderwertigeren Öle. Stellen Sie sicher, dass Ihr Olivenöl die folgenden Qualitätsmerkmale aufweist:

- „Extra virgin“-Olivenöl: Es stammt aus der ersten, kalten Pressung der Oliven und enthält besonders wenig Säure. Es ist ausgezeichnet für medizinische Zwecke geeignet, aber auch gut für kalte Speisen wie Salat.
- „Fine virgin“-Olivenöl: Dieses Öl stammt aus der zweiten Pressung. Es enthält zwar mehr Säure, aber der Geschmack und die medizinischen Eigenschaften sind gut.

ANWENDUNGSBEREICHE

- **HERZ UND KREISLAUF:** Arteriosklerose, Bluthochdruck
- **VERDAUUNGSSYSTEM:** Verstopfung, Diabetes, Gallensteine
- **NIEREN UND BLASE:** Blasensteine
- **HAUT, HAARE, NÄGEL:** Dermatitis, Ekzeme

Olivenpaste (Tapenade)

200 g entsteinte, schwarze Oliven
2–3 Zehen Knoblauch, geschält
150 g Kapern
100 g Anschovisfilet, 10 Minuten in Milch oder Wasser einweichen
1 Teelöffel Dijon-Senf
2 Esslöffel Olivenöl

Alle Zutaten im Mixer zu einer dicken Paste verarbeiten. Zu Toast, Salat oder Nudeln servieren.

Aromatisches Olivenöl

Für Salatsoßen und Marinaden

6 Zweige Thymian
1–2 Zweige Rosmarin
1 Zweig Majoran
1 Teelöffel schwarze Pfefferkörner
3 ganze, geschälte Knoblauchzehen
2 ganze, geschälte Schalotten
6 Lorbeerblätter
1 Liter Olivenöl

Alle Zutaten in einem Glasgefäß mindestens einen Monat ziehen lassen.

Grüne Oliven mit Zitrone

400 g grüne Oliven in Salzlake
Eingelegte Zitronen in Salz (siehe Seite 39)
Einige kleine Zweige Thymian
Kaltgepresstes Olivenöl
50 ml trockener Weißwein

Gießen Sie die Oliven ab und stellen Sie die Hälfte der Lake beiseite. Schichten Sie nun die Oliven und Zitronen abwechselnd in ein Einmachglas. Fügen Sie den Thymian hinzu. Mischen Sie nun die Lake mit derselben Menge Olivenöl und Weißwein, und begießen Sie die Oliven und Zitronen, bis sie ganz bedeckt sind. Verschließen Sie das Glas gut, und lassen Sie es 2 bis 3 Wochen ruhen, bevor Sie das Gericht als Vorspeise oder zum Salat anbieten.

Früchte und Nüsse

EXOTISCHE FRÜCHTE

KOKOSNUSS

★ **Fruchtzucker, Palmitin- und Oleinsäure, Proteine**

Die Kokosnuss ist ein hervorragender, proteinhaltiger Snack zwischendurch. Sie wirkt leicht harntreibend und verdauungsfördernd. Die Milch tut gut bei Gastritis und Magengeschwüren.

DATTELN

★ **Vitamine A, B, D und Kalzium, Magnesium, Kalium, Fruchtzucker**

- **Herz und Kreislauf:** Anämie
- **Atemwege:** Bronchitis
- **Nervensystem, Geist, Gemüt:** Erschöpfung

Datteln sollen dem Krebs vorbeugen und bei Tuberkulose helfen. In Nordafrika werden Erkrankungen der Atemwege mit gemahlenen oder gekochten Dattelkernen behandelt.

REZEPTE: Bananen-Dattel-Salat (Seite 106).

FEIGEN

★ **Vitamine A, B, C, Folsäure, dazu Kalzium, Kupfer, Eisen, Mangan, Kalium, Zink, Fruchtzucker**

- **Verdauungssystem:** Verstopfung, Verdauungsstörungen, Gastritis, Zahnfleischentzündung
- **Atemwege:** Bronchitis
- **Immunsystem:** Halsschmerzen

Feigen wirken leicht abführend und harntreibend. Bei Verstopfung kochen Sie 4–5 frische Feigen mit 2 Datteln und ein paar Rosinen in Milch und essen dies als Frühstück. Bei Bronchitis kochen Sie 120 g frische Feigen in 1 Liter Wasser 15 Minuten lang, dann abseihen und den Aufguss trinken. Dieser Aufguss kann auch bei Zahnfleischentzündungen oder Halsschmerzen zum Gurgeln benutzt werden.

REZEPTE: Frische Feigen mit Himbeer-Hüttenkäse (Seite 109).

BANANEN

★ **Vitamine A, B, Folsäure, E, ausserdem Jod, Eisen, Magnesium, Kalium, Zink, Kohlenhydrate, Tryptophan**

Bananen neutralisieren die Magensäure und wirken leicht antibakteriell. Fragen Sie Ihren Arzt, falls Sie Diabetiker sind.

REZEPTE: Bananen-Dattel-Salat (Seite 106).

KUMQUAT

★ **Vitamin C, Zitronensäure, Fruchtzucker.**

Kumquats enthalten dieselben Stoffe wie Orangen (Seite 33).

REZEPTE: Radieschen-Kumquat-Salat (Seite 90).

MANGO

★ **Vitamine A, B, C, ausserdem Phosphat, Schwefel, Carotin, Fruchtzucker**

- **Verdauungssystem:** Dickdarmkatarrh, Durchfall, Darmgeschwüre

Mangos wirken sich wohltuend auf das ganze Verdauungssystem aus und fördern die Darmbewegungen (Peristaltik).

ANANAS

★ **Vitamine A, B, C, Zitronensäure, Fol- und Apfelsäure und Magnesium, Kalium, Bromelin, Fruchtzucker**

- **Knochen und Gelenke:** rheumatoide Arthritis, Gicht
- **Herz und Kreislauf:** Arteriosklerose
- **Verdauungssystem:** Verdauungsstörungen

Ananas enthält das Enzym Bromelin, das entzündungshemmend wirkt. Sie unterstützt die Verdauungsprozesse und sorgt dafür, dass Proteine besser aufgenommen werden können. Bromelin ist Bestandteil vieler Medikamente gegen Entzündungen.

REZEPTE: Ananas-Gurken-Salat (Seite 93).

PAPAYA

★ **Vitamine A, B, C und Kalium, Fruchtzucker, Papain**

Papayas enthalten Papain, das die Verdauung fördert und die Aufnahme von Protein verbessert. Die Papaya wirkt fiebersenkend.

REZEPTE: Gebackene Papaya mit Ingwer (Seite 109).

GUAVEN

★ **Vitamin C und Kalium, Schwefel, Carotin, Fruchtzucker**

● **Verdauungssystem:** Verdauungsstörungen

Guaven fördern die Verdauung und wirken heilend auf leichtere Störungen. Die unreife Frucht ist allerdings schwer verdaulich, die Kerne sollten bei Darmproblemen nicht mitgegessen werden.

LITSCHI

★ **Vitamine B, C, dazu Magnesium, Phosphat, Kalium, Bioflavonoide, Fruchtzucker**

Litschis regen die Verdauung an. Bei Unterleibschmerzen hilft das Trinken eines Aufgusses aus Litschisamen.

REZEPTE: Litschi-Frucht-Salat (Seite 106), Litschisamen-Sud (Seite 120).

WEICHE FRÜCHTE UND BEEREN

APRIKOSEN

★ **Vitamine A, B, C und Eisen, Magnesium, Mangan, Phosphat, Kalium, Fruchtzucker**

● **Herz und Kreislauf:** Anämie

● **Nervensystem, Geist, Gemüt:** Erschöpfung, Angst, Beklemmung, Schlaflosigkeit

Aprikosen wirken ausgleichend auf das Nervensystem. Sowohl frische als auch getrocknete Aprikosen sind gut für Schwangere, Rekonvaleszenten und ältere Menschen.

REZEPTE: Gekochte Aprikosen mit Kardamom (Seite 109), Aprikosen-Limetten-Minze-Saft (Seite 111).

PFIRSICHE

★ **Vitamine A, B, C, ausserdem Kupfer, Magnesium, Phosphat, Kalium, Zink, Fruchtzucker**

● **Verdauungssystem:** Verdauungsstörungen

● **Nieren und Blase:** Blasensteine

Pfirsiche wirken harntreibend und verdauungsfördernd. Aus den Blüten wird eine Tinktur oder ein Sirup hergestellt (auch für Kinder geeignet). Ein Aufguss mit Pfirsichblättern hat eine noch stärkere abführende Wirkung. Frischen Saft trägt man als Schönheitslotion auf die Haut auf.

REZEPTE: Pfirsich-Sirup (Seite 124).

MELONEN

★ **Vitamine A, B, C und Fruchtzucker, Wasser**

● **Knochen und Gelenke:** Gicht, Rheuma

● **Verdauungssystem:** Verstopfung, Verdauungsstörungen, Darmbeschwerden

Melonen sind leicht abführend und harntreibend. Das Fleisch der Melone lindert die Schmerzen bei leichten Verbrennungen, auch bei Sonnenbrand. Eine Körperlotion gegen trockene Haut stellt man aus 1/3 Melonensaft, 1/3 destilliertem Wasser und 1/3 Milch her.

REZEPTE: Melone mit Minze (Seite 106), Wassermelone mit Sommerfrüchten (Seite 106).

HIMBEEREN

★ **Vitamine A, B, C, dazu Eisen, Magnesium, Kalium, Zitronensäure, Apfel- und Salizylsäure, Fruchtzucker**

● **Knochen und Gelenke:** Gicht

● **Verdauungssystem:** Verdauungsstörungen, Erbrechen

● **Haut, Haare, Nägel:** Ekzeme

Himbeeren wirken leicht harntreibend und verdauungsfördernd. Sie sorgen für einen guten Harnfluss. Ein Aufguss aus Himbeerblättern hilft bei Erschöpfung.

REZEPTE: Johannisbeeren mit Himbeersoße (Seite 107), Apfel-Himbeer-Saft (Seite 111), Kirsch-Himbeer-Saft (Seite 112), Erdbeer-Himbeer-Saft (Seite 112), Himbeer-Essig (Seite 114).

STACHELBEEREN

★ **Vitamine A, B, C, dazu Eisen, Phosphat, Kalium, Apfel- und Zitronensäure, Fruchtzucker**

● **Knochen und Gelenke:** rheumatoide Arthritis, Gicht

Stachelbeeren wirken harntreibend und unterstützen die Verdauung. Sie regen die Leberfunktion an und lindern Entzündungen im Verdauungstrakt und in den Harnwegen.

SCHWARZE JOHANNISBEEREN

★ **Vitamin C, Kalzium, Magnesium, Phosphat, Kalium, Fruchtzucker**

● **Knochen und Gelenke:** Gicht, Rheuma

● **Immunsystem:** Halsschmerzen

Schwarze Johannisbeeren stärken die Körperkräfte, besonders nach einer Erkrankung. Bei Knochenbrüchen versorgen sie den Körper mit genügend Mineralstoffen. Die Blätter haben die gleiche Wirkung wie die Beeren. Beide wirken harntreibend.

REZEPTE: Schwarzer-Johannisbeer-Wein (Seite 121).

PFLAUMEN

★ **Kalzium, Eisen, Magnesium, Phosphat, Kalium, Fruchtzucker**

- **Knochen und Gelenke:** Gicht, Rheuma
- **Herz und Kreislauf:** Arteriosklerose
- **Verdauungssystem:** Verstopfung

Frische und getrocknete Pflaumen sind bekannt für ihre abführende Wirkung. Getrocknete Pflaumen unterstützen die Leber, senken den Cholesterinspiegel und enthalten krebshemmende Substanzen.

REZEPTE: Würzspinat mit Pflaumen und Bohnen (Seite 101).

ROTE JOHANNISBEEREN

★ **Vitamine A, B, C, dazu Kalzium, Eisen, Phosphat, Kalium, Zitronensäure, Pektin, Fruchtzucker**

- **Knochen und Gelenke:** rheumatoide Arthritis, Gicht
- **Verdauungssystem:** Verstopfung
- **Nieren und Blase:** Blasenentzündung

Rote Johannisbeeren unterstützen den Verdauungsprozess und wirken blutreinigend. Sie lindern Entzündungen im Verdauungstrakt, unterstützen die Leber und senken das Fieber. Rote Johannisbeeren enthalten viel Säure und sollten nicht im Übermaß verzehrt werden.

REZEPTE: Johannisbeeren mit Himbeersoße (Seite 107), Rote-Johannisbeer-Brombeer-Heidelbeer-Saft (Seite 112).

BROMBEEREN

★ **Vitamine A, B, C, E, ausserdem Kalzium, Phosphat, Kalium, Fruchtzucker, Pektin, Tannin, essenzielles Öl**

- **Verdauungssystem:** Durchfall
- **Immunsystem:** Halsschmerzen

Brombeeren wirken gefäßverengend und blutreinigend. Brombeersirup ist ein Heilmittel gegen Durchfall bei Babys. Er wirkt auch lindernd bei Halsschmerzen und Infektionen der Atemwege. Ein Aufguss mit Brombeerblättern zum Gurgeln ist gut bei akuten Halsschmerzen.

REZEPTE: Wassermelone mit Sommerfrüchten (Seite 106), Obstsalat mit Zitronenmelisse (Seite 107), Rote-Johannisbeer-Brombeer-Heidelbeer-Saft (Seite 112), Brombeer-Sirup (Seite 125).

KIRSCHEN

★ **Vitamine A, B, C, dazu Kalzium, Magnesium, Phosphat, Kalium, Ellagsäure, Fruchtzucker**

- **Knochen und Gelenke:** rheumatoide Arthritis, Gicht, Rheuma
- **Herz und Kreislauf:** Arteriosklerose
- **Nieren und Blase:** Blasensteine, Blasenentzündung

Kirschen wirken leicht harntreibend, abführend, blutreinigend und regen das Immunsystem an. Ein Sud mit Kirschkernen hilft bei Blasenentzündungen, Rheuma und Wasser im Gewebe.

REZEPTE: Kirschstiel-Sud (Seite 120), Kirschstiel-Apfel-Sud (Seite 119), Kirschblatt-Wein (Seite 123).

WEINTRAUBEN UND ROSINEN

★ **Vitamine A, B, C, ausserdem Kalzium, Jod, Mangan, Kalium, Natrium, Bioflavonoide, Fruchtzucker**

- **Knochen und Gelenke:** rheumatoide Arthritis, Gicht
- **Haut, Haare, Nägel:** Dermatitis, Ekzeme

Weintrauben wirken harntreibend, antitoxisch und fördern die Verdauung. Sie verhindern die Bildung von Harnsäure und unterstützen Leberfunktion und Gallenfluss. Dunkle Trauben sind besonders reich an einem Wirkstoff, der heilsam für Herz und Kreislauf ist. Rosinen sind ein idealer Snack für Kinder, Schwangere, Rekonvaleszenten und älteren Menschen. Kaltgepresstes Öl aus den Traubenkernen enthält viele ungesättigte Fettsäuren und hält die Herzgefäße gesund.

REZEPTE: Herbstliches Fruchtkompott (Seite 108).

ERDBEEREN

★ **Vitamine A, B, C und Eisen, Magnesium, Phosphat, Silicium, Schwefel, Fruchtzucker, Salizylsaure**

- **Knochen und Gelenke:** Gicht
- **Herz und Kreislauf:** Bluthochdruck
- **Verdauungssystem:** Dickdarmkatarrh, Verstopfung, Durchfall
- **Nieren und Blase:** Blasenentzündung

Erdbeeren wirken antibakteriell und unterstützen die Funktionen von Leber und Gallenblase. Sie können aber Allergien auslösen, meist als Dermatitis. Aus Blättern und Wurzeln macht man einen Sud.

REZEPTE: Karotten-Erdbeer-Salat (Seite 89), Obstsalat mit Zitronenmelisse (Seite 107), Erdbeer-Himbeer-Saft (Seite 112), Erdbeerblatt-Sud (Seite 120).

ZITRUSFRÜCHTE

MANDARINEN UND TANGARINEN

★ **Vitamine B, C, dazu Kalzium, Kupfer, Mangan, Phosphat, Kalium, Zink, Bioflavonoide, Fruchtzucker, Pektin**

Mandarinen und Tangarinen enthalten ähnliche Substanzen wie die Orangen. Die Schale der Mandarine enthält essenzielle Öle, die eine be-

weiter auf Seite 36

Heidelbeeren

Heidelbeeren enthalten krebshemmende und antibakterielle Substanzen. Sie stärken die Augen, den Darm, den Kreislauf und die Harnwege.

Die Inhaltsstoffe der Heidelbeeren

Heidelbeeren sind kleine, dunkelblaue Beeren, die in Zentral- und Westeuropa sowie in Kanada und Nordamerika wachsen. In der Volksmedizin wird die Heidelbeere schon seit dem 16. Jahrhundert eingesetzt. Sie enthält Antioxygene, die sie sehr wertvoll macht für die Vorbeugung gegen Krebs und andere degenerative Erkrankungen. Verglichen mit anderen Früchten stehen Heidelbeeren daher an der Spitze der heilenden Lebensmittel.

Heidelbeeren enthalten eine antibakterielle Substanz, die besonders im Darm gegen Kolibakterien wirkt. Diese Wirkstoffe unterstützen die Heilung von Magengeschwüren. Die Blätter der Heidelbeerpflanze enthalten Tannin, das ein gutes Mittel bei Durchfall ist. Der Blutkreislauf wird angeregt durch die Vitamine A und C, durch Bioflavonoide, Glykoside und Delphiniol. Heidelbeeren senken den Blutzuckerspiegel und verhindern, dass sich das Blut verklumpt und in den Kapillargefäßen festsetzt. Heidelbeeren stärken auch die Sehkraft.

Zur gleichen Familie wie die Heidelbeeren gehören die Preiselbeeren, die ursprünglich aus Nordamerika stammen. Sie sind bekannt als Heilmittel bei Erkrankungen der Harnwege. Frischer Saft von Heidelbeeren oder Preiselbeeren regelmäßig getrunken ist eine gute Vorsorgemaßnahme gegen Entzündungen im Harnwegstrakt.

Heidelbeeren in der Ernährung

Da Heidelbeeren einen hohen Gehalt an Antioxygenen enthalten sind sie ein hervorragendes Lebensmittel, um sich langfristig gesund zu halten und Erkrankungen vorzubeugen. Besonders Menschen mit Herzgefäßveränderungen, leichter Diabetes, Augenproblemen und Infektionen der Harnwege sollten regelmäßig Heidelbeeren verzehren. Man kann mit diesen Beeren wunderbar Kuchen, Sirup, Saft und Marmelade zubereiten. Sie sind auch sehr beliebt bei Kindern. Mit Heidelbeeren lässt sich Likör und Wein herstellen, sie können eine Beigabe zum Salat sein oder auch einfach nur pur gegessen werden.

Medizinische Zubereitungen

Zusätzlich können aus den Beeren und den Blättern auch medizinische Zubereitungen hergestellt werden. Heidelbeer-Sud ist hilfreich bei Durchfall. Er kann bei Halsschmerzen und Rachenproblemen zum Gurgeln verwendet werden und bei Ekzemen als Hauttonikum.

Kochen Sie dazu 75 g Heidelbeeren in 1 Liter Wasser auf, bis sich die Wassermenge um die Hälfte reduziert hat. Danach abgießen und wie beschrieben anwenden.

Heidelbeer- und Erdbeerblätter abgekocht sind ein gutes Mittel bei leichter Diabetes, bei Verdauungsstörungen, Arteriosklerose, Rheuma und Arthritis. Der Sud sollte über den Tag verteilt getrunken werden. Kochen Sie je 20 g Heidelbeer- und Erdbeerblätter in 1 Liter Wasser 3 Minuten auf. Lassen Sie den Sud dann 10 Minuten ziehen, bevor Sie ihn abseihen und trinken.

Um eine Tinktur herzustellen, brauchen Sie 100 g Heidelbeeren, eine Hand voll Heidelbeerblätter, die abgeriebene Schale einer unbehandelten Zitrone und 700 ml Wodka. Mischen Sie alles gut und stellen Sie die Flasche für 3 Wochen an einen kühlen, dunklen Platz. Dann seihen Sie die Flüssigkeit gut ab und füllen die Tinktur in sorgfältig ausgewaschene kleine Flaschen um. Nehmen Sie täglich

20–30 Tropfen davon, wenn Sie an Durchfall leiden oder Verdauungsstörungen, Kreislaufbeschwerden oder eine leichte Diabetes haben. Sie können mit dieser Tinktur auch bei Halsschmerzen gurgeln.

ANWENDUNGSGEBIETE

- **Knochen und Gelenke:** rheumatoide Arthritis, Rheuma
- **Herz und Kreislauf:** Arteriosklerose, Raynaud-Krankheit
- **Verdauungssystem:** Krämpfe, Koliken, Durchfall, Dickdarmerkrankungen, Magen-Darm-Infektionen
- **Nieren und Blase:** Blasenentzündung, Harnwegsprobleme
- **Immunsystem:** Halsschmerzen

Heidelbeer-Essig

Für Salatsoßen oder mit etwas Wasser täglich 1 Teelöffel einnehmen.

300 g Heidelbeeren
700 ml Weißwein- oder Apfelessig

Füllen Sie die Heidelbeeren in eine gut verschließbare Flasche. Gießen Sie den Essig darüber und verschließen Sie die Flasche gut. Lassen Sie den Essig an einem kühlen, dunklen Platz 2 Wochen stehen. Danach abseihen.

Heidelbeeren mit Hüttenkäse

200 g Hüttenkäse
3 Esslöffel Zucker
3 Esslöffel Jogurt
200 g Heidelbeeren
1 Apfel, geschält und geraspelt
Zitronensaft
Ein paar Himbeeren zur Dekoration

Hüttenkäse mit Zucker und Jogurt verrühren. Heidelbeeren, den geraspelten Apfel dazugeben und mit Zitronensaft abschmecken. Vor dem Servieren kurz kühlen und mit Himbeeren dekoriert servieren.

Heidelbeer-Sirup

Für Kinder mit Wasser verdünnen und für Erwachsene mit trockenem Weißwein.

1 kg Heidelbeeren
300 ml Wasser
Zucker

Heidelbeeren im Wasser zum Kochen bringen und alles durch ein Sieb streichen. Lassen Sie die Flüssigkeit bei Zimmertemperatur 24 Stunden vergären. Wiegen Sie die Flüssigkeit, und fügen Sie die gleiche Menge Zucker hinzu. Alles 1 Minute aufkochen und anschließend abkühlen lassen. Den Sirup in sterilisierten Flaschen im Kühlschrank aufbewahren.

Fortsetzung von Seite 36

ruhigende, schmerzlindernde Wirkung haben. In der chinesischen Medizin wird ein Aufguss aus getrockneter Mandarinenschale bei Verdauungsstörungen, Unterleibsbeschwerden und Gereiztheit angewendet.

ORANGE

★ **Vitamine B, C und Kalzium, Kupfer, Mangan, Phosphat, Kalium, Zink, Bioflavonoide, Fruchtzucker, Pektin**

● **Verdauungssystem:** Verdauungsstörungen

Orangen unterstützen die Verdauung, stärken das Immunsystem, die Leber und wirken appetitanregend. Orangen helfen den Cholesterinspiegel zu senken und sind reich an Antioxygenen. Es ist wirkungsvoller, die ganze Orange zu verzehren, als nur den Saft zu trinken.
REZEPTE: Radieschen-Kumquat-Salat (Seite 90), Orangenschalen-Aufguss (Seite 117).

GRAPEFRUIT (PAMPELMUSE)

★ **Vitamine B, C und Kupfer, Magnesium, Kalium, Antioxygene, Bioflavonoide, essenzielles Öl, Fruchtzucker, Pektin.**

● **Knochen und Gelenke:** rheumatoide Arthritis

● **Verdauungssystem:** Verdauungsstörungen, Fettleibigkeit

Die Grapefruit enthält viele Antioxygene und Substanzen, die den Cholesterinspiegel senken. Sie wirkt gefäßzusammenziehend, regt den Appetit an, stärkt die Funktion der Leber und ist leicht entgiftend. Bei Übergewicht und Kreislaufproblemen wird die Grapefruit empfohlen. In Kombination mit einigen Medikamenten kann es zu Nebenwirkungen kommen. Fragen Sie Ihren Arzt!

WEITERE FRÜCHTE

BIRNEN

★ **Vitamine A, B, C, dazu Kupfer, Jod, Magnesium, Phosphat, Schwefel, Zink, Fruchtzucker, Pektin**

● **Knochen und Gelenke:** rheumatoide Arthritis, Gicht, Rheuma

● **Verdauungssystem:** Durchfall

Birnen wirken verdauungsfördernd und beruhigend. Sie verhindern das Ansteigen der Harnsäure und die Entstehung von Bakterien im Darm. Birnen sind ein stärkendes Lebensmittel für Schwangere, Rekonvaleszenten und ältere Menschen. Ein Aufguss mit Birnenblättern kann Probleme der Harnwege lindern.
REZEPTE: Herbstliches Fruchtkompott (Seite 108), Birnen mit Kräutern (Seite 108), Birnen-Apfel-Aufguss (Seite 119).

RHABARBER

★ **Vitamine B, C, ausserdem Eisen, Magnesium**

● **Verdauungssystem:** Verstopfung

Rhabarber wirkt leicht abführend und antiparasitär. Er unterstützt die Galle und verhindert die Vermehrung von Bakterien im Darm. Die Wurzel des Rhabarbers wirkt, als Pulver oder Tinktur, ebenfalls abführend. Rhabarber sollte gemieden werden bei zu starkem Säurehaushalt und bei Gicht, Nieren- oder Blasensteinen. Die Blätter sind giftig.
REZEPTE: Rhabarber-Ingwer-Kuchen (Seite 107).

DATTELPFLAUME

★ **Vitamine A, B, C, dazu Kupfer, Jod, Magnesium, Phosphat, Schwefel, Zink, Fruchtzucker, Pektin**

● **Verdauungssystem:** Crohn-Krankheit

Dattelpflaumen sind sehr nährstoffreich, leicht abführend und verhindern das Wachstum von Bakterien im Darm.

GRANATAPFEL

★ **Vitamine A, B, C, dazu Spurenelemente, Fruchtzucker**

● **Herz und Kreislauf:** Bluthochdruck

● **Verdauungssystem:** Verstopfung

Granatäpfel stärken Herz, Nieren und Blase. Der Saft hilft bei Blasenbeschwerden und Bandwürmern.

LAMPIONBLUME (BLASEN- ODER JUDENKIRSCHE)

★ **Vitamin C und Physalin**

● **Knochen und Gelenke:** rheumatoide Arthritis, Gicht

● **Nieren und Blase:** Blasensteine

Die Lampionblume enthält die Substanz Physalin, die harntreibend wirkt und die Bildung von Harnsäure verhindert. Eine Marmelade aus den Beeren ist wohltuend bei Nieren- und Blasenentzündungen.
REZEPTE: Lampionblumen-Marmelade (Seite 116), Lampionblumen-Sud (Seite 120).

ÄPFEL

★ **Vitamine B, C, ausserdem Eisen, Magnesium, Mangan, Phosphat, Kalium, Schwefel, Fruchtzucker, Pektin**

● **Knochen und Gelenke:** rheumatoide Arthritis, Gicht, Rheuma

● **Verdauungssystem:** Verstopfung, Durchfall, Verdauungsstörungen, Magengeschwüre

Äpfel verhindern die Bildung von Harnsäure und senken den Cholesterinspiegel. Rohe geriebene Äpfel helfen bei Verstopfung, wäh-

weiter auf Seite 41

Zitrone

Zitronen wirken desinfizierend, sind reich an Vitamin C, Enzymen und Antioxygenen. Zitronen stärken das Immunsystem und beugen Erkältungen vor.

Die Inhaltsstoffe der Zitrone

Der Zitronenbaum ist ein immergrünes Gewächs, das aus Nordindien stammt. Seine gelben Früchte gehören, zusammen mit Limetten, Orangen und Grapefruits, zur Familie der Zitrusfrüchte. Auch wenn man sich nicht ganz sicher ist, so wird doch angenommen, dass die Zitronenpflanze im 11. Jahrhundert von den Arabern nach Europa gebracht wurde. Lange Zeit war die Zitrone das wichtigste Heilmittel gegen Skorbut, einer Krankheit, die bei Vitamin-C-Mangel entsteht. Auf langen Seereisen wurden Zitronen mitgenommen, deren Saft die Seeleute dann zu trinken bekamen, um Skorbut zu vermeiden.

Heute werden Zitronen in den USA, Spanien, Portugal, Italien und Südfrankreich angebaut.

Zitronen enthalten sehr viel Zitronenflavonoide, eine Substanz, die neben dem Vitamin C eine wichtige antioxygene Funktion hat. Zitronenflavonoide unterstützen die Wundheilung, stärken die Zellwände der Blutkörper und vermindern das Risiko, an Arteriosklerose zu erkranken.

Vitamin C hilft dem Körper gegen Infektionen, stärkt das Immunsystem, fördert die Produktion von Collagen (ein sehr wichtiges Protein), vermindert das Krebsrisiko und hält Haut und Gelenke gesund.

Weitere Inhaltsstoffe der Zitrone sind Zitronen- und Apfelsäure, die Vitamine A und B, Glukose, Fruktose, Kalium, Phosphat, Silicium, Mangan und Kupfer. Pektin ist ebenfalls ein wichtiger Inhaltsstoff. Es findet sich besonders konzentriert in der Haut um die einzelnen Fruchtspalten und ist ein nützlicher Helfer, um den Cholesterinspiegel im Blut zu senken.

Eine Kur mit Zitronen

Zitronen können bei einer ganzen Reihe von Erkrankungen verwendet werden. Sie stärken das Immunsystem, senken leichtes Fieber und den Blutdruck. Zitronen regulieren die Magensäure, fördern die Leberfunktion und verbessern den Blutfluss. Sie haben leichte harntreibende Wirkstoffe.

Krankheiten, die gut mit Zitronen kurmäßig behandelt werden können, sind Rheuma, Arthritis, zu hoher Cholesterinspiegel, Verdauungsstörungen, Erkältungen und Grippe. Außer der Verwendung der Zitrone beim Kochen sollten Sie den Saft möglichst oft zu sich nehmen: in Salatsoßen, mit Fisch, als Limonade und im Tee.

Zitronensaft wirkt antiseptisch und desinfizierend. Bevor es moderne Antiseptika gab, wurden dafür in Krankenhäusern Zitronen verwendet, der Saft kann direkt auf die Haut aufgetragen werden. Zitronensaft ist auch ein Bestandteil vieler selbst hergestellter Schönheitsmasken, durch seine Gefäß zusammenziehende Eigenschaft wird das Hautbild verbessert und Faltenbildung vorgebeugt.

In der Außenhaut der Zitrone steckt ein essenzielles Öl, das ausgezeichnete antibakterielle Wirkungen hat. Man kann dieses Öl auch in vielen Geschäften kaufen, in denen Aromen, Öle und gesunde Lebensmittel angeboten werden. Auch in einigen Apotheken gibt es dieses Öl inzwischen. Es hilft bei Erkältungen, Halsschmerzen, Zahnfleischentzündungen und Geschwüren im Mund. Bei Erkältungen und Halsschmerzen geben Sie 4 Tropfen Öl auf 1 Teelöffel Honig. Bei Zahnfleischentzündungen oder Mundgeschwüren geben Sie einen Tropfen, zusammen mit ein wenig Zahn-

creme, auf Ihre Zahnbürste. Zähne und Mund werden desinfiziert. Das Zitronenöl wirkt auch gegen Parasiten.

ANWENDUNGSGEBIETE

- **Knochen und Gelenke:** rheumatoide Arthritis, Rheuma
- **Herz und Kreislauf:** Arteriosklerose, Herzklopfen
- **Verdauungssystem:** Verdauungsstörungen
- **Immunsystem:** Erkältungen, Grippe, Halsschmerzen

Limonade

2 Zitronen, gewaschen und in Scheiben geschnitten
60 g brauner Zucker
1 Liter Wasser

Mischen Sie die Zitronen mit dem Zucker und dem Wasser. Lassen Sie den Saft nun 12 Stunden im Kühlschrank ziehen, gelegentlich umrühren, damit der Zucker sich restlos auflöst. Kalt servieren.

Zitronen in Salz

Zu verwenden als Beigabe zum Salat oder zu Schmorgerichten.

3 Zitronen, gewaschen und geviertelt
Salz

Geben Sie eine 1 cm dicke Schicht Salz in ein gut verschließbares Einmachglas. Legen Sie nun eine Lage Zitronen darauf, dann wieder Salz und so weiter, die letzte Lage ist Salz. Verschließen Sie das Glas, und stellen Sie es für 4 Wochen an einen kühlen, dunklen Platz. Vor der Verwendung werden die Zitronenviertel unter kaltem Wasser abgespült.

Zitronen in Öl

Zitronen halten sich monatelang in Öl. Zu verwenden im Salat oder mit Fleisch- und Fischgerichten. Das Öl wird für Salatsoßen verwendet.

6 Zitronen, gewaschen, in Scheiben geschnitten oder geviertelt
3 Esslöffel Salz
Olivenöl
1 Lorbeerblatt

Legen Sie die Zitronen in eine Schüssel, und bestreuen Sie sie mit Salz. Inhalt gut durchschütteln und für 24 Stunden in den Kühlschrank stellen. Gießen Sie den Saft ab, und schütten Sie die Zitronen zum Abtropfen in ein Sieb – oder vorsichtig ausdrücken. Entfernen Sie so viel Saft wie möglich. Waschen Sie das restliche Salz von den Zitronen, und geben Sie sie in ein Einmachglas. Gießen Sie mit Olivenöl auf, und legen Sie das Lorbeerblatt dazu. Verschließen.

rend gekochtes Apfelkompott bei Durchfall hilft. Ein Sud aus Apfelblüten ist gut bei Husten und Halsschmerzen.
REZEPTE: Herbstliches Fruchtkompott (Seite 108), Apfel-Himbeer-Saft (Seite 111), Kirsch-Apfel-Saft (Seite 112), Birnen-Apfel-Aufguss (Seite 119), Kirschstiel-Apfel-Sud (Seite 119).

QUITTE

★ **Vitamine A, B, C und Kalzium, Kupfer, Eisen, Magnesium, Phosphat, Fruchtzucker, Pektin, Tannin**

● **Verdauungssystem:** Durchfall

Quitten unterstützen die Verdauung und die Funktion der Leber.
REZEPTE: Quitten-Likör (Seite 123).

NÜSSE

ERDNÜSSE

★ **Vitamine B, E und Spurenelemente, Amylase**

● **Verdauungssystem:** Verdauungsstörungen

Erdnüsse enthalten Amylase, ein Enzym, das gegen Verdauungsstörungen und Übersäuerung hilft. Erdnüsse können eine Allergie auslösen!

WALNÜSSE

★ **Vitamine A, B, C, ausserdem Kupfer, Eisen, Magnesium, Kalium, Selen, Zink, Linolen- und Oleinsäure**

● **Verdauungssystem:** Durchfall

Walnüsse wirken gefäßverengend und senken den Cholesterinspiegel im Blut. Sie helfen bei Darmparasiten und bei Herz- und Kreislaufproblemen. Walnussöl wird bei Ekzemen oder Dermatitis auf die Haut aufgetragen.
REZEPTE: Knoblauch-Walnuss-Soße (Seite 49).

ESSKASTANIEN

★ **Vitamine B, C und Eisen, Magnesium, Kalium, Zink.**

● **Herz und Kreislauf:** Anämie

● **Verdauungssystem:** Verdauungsstörungen

Esskastanien sind gut für Rekonvaleszenten, ältere Menschen und bei Krampfadern und Hämorriden. Lassen Sie eine Hand voll Kastanienblätter 10 Minuten in 1 Liter gekochtem Wasser ziehen. Das ergibt einen ausgezeichneten Aufguss.
REZEPTE: Rosenkohl mit Esskastanien (Seite 104).

PINIENKERNE

★ **Vitamine A, B, ausserdem Kalzium, Magnesium, Phosphat, Kalium, Zink, Oleinsäure**

Pinienkerne sind energie- und nährstoffreich, haben leicht abführend wirkende Substanzen und sind hilfreich bei Verdauungsstörungen.

MANDELN

★ **Vitamine A, B, ausserdem Kalzium, Magnesium, Phosphat, Kalium, Oleinsäure**

● **Verdauungssystem:** nervöse Darmbeschwerden

Mandeln sind energiereich und sehr nahrhaft. Sie üben eine ausgleichende Wirkung auf das Nervensystem aus und helfen bei Verdauungsbeschwerden, Mandelmilch hilft bei Krämpfen und Entzündungen im Darm. Das Mandelöl wirkt leicht abführend und ist für Kinder geeignet. Äußerlich angewendet kann Mandelpaste oder -öl bei Ekzemen und Hautausschlag verwendet werden. Bittere Mandeln sind giftig!
REZEPTE: Mandelmilch (Seite 71).

HASELNÜSSE

★ **Kalzium, Phosphat, Kupfer, Eisen, Magnesium, Kalium, Schwefel, mehrfach ungesättigte Fettsäuren**

Haselnüsse sind energie- und faserreich und gut geeignet gegen Nieren- oder Blasensteine. Aber sie helfen auch bei Würmern. Dazu wird 15 Tage lang jeden Morgen auf nüchternen Magen 1 Esslöffel Haselnussöl eingenommen. Kaltgepresstes Haselnussöl kann auch äußerlich angewendet werden, besonders bei fettiger Haut. Das Öl hilft auch bei Akne, Dermatitis und Ekzemen. Ein Aufguss mit Haselnussblättern ergibt ein ausgezeichnetes adstringierendes Tonikum, das sich für die Behandlung von Krampfadern eignet. Übergießen Sie 30 g getrocknete Haselnussblätter mit 1 Liter kochendem Wasser, und lassen Sie den Aufguss 12 Stunden ziehen. Dann abseihen und 3-mal täglich die Haut damit behandeln. Diesen Blätterauszug kann man auch innerlich anwenden.
REZEPTE: Grüne Bohnen mit Dijon-Senf (Seite 105).

Kräuter, Gewürze und Gewürzzutaten

KRÄUTER

PETERSILIE

- ★ **Vitamine A, B, C und Eisen, essenzielles Öl**
- ● **Herz und Kreislauf:** Anämie
- ● **Verdauungssystem:** Verdauungsstörungen, Blähungen

Petersilie wirkt harntreibend, leicht abführend und blutreinigend. Sie regt die Leberfunktion an, fördert den Appetit, sorgt für guten Gallenfluss und wirkt antiseptisch auf die Lungen. Petersilie sollte möglichst roh verzehrt werden, entweder in Salaten oder klein gehackt über die Mahlzeiten gestreut. Sie kann auch in Brühen oder rohen Gemüsesäften verwendet werden. Frische Petersilie wird auch auf die Haut gerieben, sie verjüngt die Haut und verschafft Linderung bei Insektenstichen. Ein Aufguss mit Petersiliensamen hilft bei Harnstau und Verdauungsstörungen.

REZEPTE: Petersilie-Zwiebel-Zitronen-Salat (Seite 93), Taboulé (Seite 94), Kartoffeln mit Kräutersoße (Seite 105).

MINZE

- ★ **Essenzielles Öl**
- ● **Herz und Kreislauf:** Herzklopfen
- ● **Verdauungssystem:** Koliken, Dickdarmkatarrh, Parasiten, nervöse Darmstörungen, Brechreiz, Übelkeit inkl. morgendlicher Übelkeit
- ● **Atemwege:** Asthma, Bronchitis
- ● **Nervensystem, Geist, Gemüt:** Erschöpfung, Müdigkeit, Migräne, Neuralgie

Minze ist sehr wohltuend für das Nervensystem. Ein Aufguss mit Minzeblättern am Abend erleichtert das Einschlafen. Das essenzielle Öl wirkt antiseptisch, entzündungshemmend und krampflösend auf das Verdauungssystem. Minze hilft auch bei Würmern.

REZEPTE: Taboulé (Seite 94), Melone mit Minze (Seite 106), Frisches Minze-Sorbet (Seite 107), Minze-Sirup (Seite 125).

BASILIKUM

- ★ **Essenzielles Öl**
- ● **Knochen und Gelenke:** Gicht
- ● **Verdauungssystem:** Unterleibskrämpfe, Koliken, Darminfektionen
- ● **Nervensystem, Geist, Gemüt:** Unruhe, Angst, Schlaflosigkeit, Erschöpfung, Migräne

Basilikum ist ein beliebtes Kraut in den Mittelmeerländern. Es enthält ein essenzielles Öl, das stark antiseptisch und krampflösend ist, ausgleichend auf das Nervensystem wirkt und Verdauungsstörungen und Infektionen im Darm lindert. Basilikum kann in Suppen, Soßen, Getränken wie Basilikumlikör, oder roh in Salaten verwendet werden. Frisches Basilikum wird konserviert, indem man es einfriert oder in Öl einlegt. Um es einzulegen, nehmen Sie am besten die Blätter von der Pflanzenspitze. Spülen Sie sie unter kaltem Wasser ab, und lassen Sie sie auf Haushaltspapier abtropfen. Bestreuen Sie die Blätter dann mit Salz, warten Sie 30 Minuten, und schütteln Sie dann das Salz vorsichtig ab. Füllen Sie die Blätter nun in ein sterilisiertes Gefäß und gießen Sie mit kaltgepresstem Olivenöl auf. Gut verschlossen im Kühlschrank aufbewahren.

REZEPTE: Polenta mit Basilikum-Tomaten-Soße (Seite 99), Spiralnudeln mit Pesto (Seite 98), Basilikumlikör (Seite 123).

THYMIAN

- ★ **Essenzielles Öl**
- ● **Knochen und Gelenke:** Rheuma
- ● **Verdauungssystem:** Darmerkrankungen, Parasiten
- ● **Atemwege:** Bronchitis, Husten
- ● **Nieren und Blase:** Blasenentzündung
- ● **Immunsystem:** Erkältungen, Grippe

Thymian enthält starke antibakteriell wirkende Substanzen, wirkt antiseptisch auf Hals, Lungen und Verdauungstrakt und ist kreislaufstärkend.

REZEPTE: Aromatischer Essig (Seite 116).

SCHNITTLAUCH UND FRÜHLINGSZWIEBELN

★ **Vitamine A, B, C, dazu Kalzium, Magnesium, Phosphat, Kalium, Schwefel, Bioflavonoide, essenzielles Öl**

- **Knochen und Gelenke:** rheumatoide Arthritis, Gicht, Rheuma
- **Herz und Kreislauf:** Arteriosklerose
- **Verdauungssystem:** Diabetes, Durchfall, Darminfektionen, Parasiten
- **Frauenleiden:** Menstruationsbeschwerden

Schnittlauch und Frühlingszwiebeln wirken antibakteriell, pilztötend und harntreibend. Sie beugen Turmoren und Blutverklumpung vor und senken den Cholesterinspiegel. Schnittlauch und Frühlingszwiebeln verhindern die Ansammlung von Wasser im Gewebe und die Bildung von Harnsäure. Sie wirken schleimlösend und stärken das Verdauungssystem und den Kreislauf. Schnittlauch und Frühlingszwiebeln sollten möglichst roh verzehrt werden. Entweder geschnitten in Salaten oder über die Gerichte gestreut. Eine Brühe mit Schnittlauch und klein geschnittenen Frühlingszwiebeln, zusammen mit Knoblauch, Nelken und Ingwer ist gut bei Erkältungen, Grippe und Verdauungsstörungen wie Durchfall. Der frische Saft kann bei Insektenstichen, Warzen und Furunkeln aufgetragen werden.

REZEPTE: Schnittlauch-Ingwer-Brühe (Seite 88),Kräuterlauch mit Polenta (Seite 99).

ESTRAGON

★ **Essenzielles Öl**

- **Verdauungssystem:** Koliken, Parasiten
- **Frauenleiden:** Menstruationsbeschwerden

Estragon regt die Körperfunktionen an, wirkt krampflösend und verdauungsfördernd. Das Öl des Estragons wird auf die Haut aufgetragen und lindert Rheuma und Muskelkrämpfe. Füllen Sie ein Glasgefäß mit Estragonblättern, gießen Sie Olivenöl dazu, bis die Blätter bedeckt sind, und lassen Sie das Öl zwei Wochen ziehen.

REZEPTE: Estragon-Essig (Seite 116), Aromatischer Essig (Seite 116).

SAUERAMPFER

★ **Vitamin C, ausserdem Eisen, Chlorophyll, Oxalate**

Sauerampfer enthält abführende und reinigende Substanzen und ist ein gutes Heilmittel bei Infektionen des Magen-Darm-Traktes und der Lungen. Die Oxalate sind dafür verantwortlich, dass dieses Kraut einen so sauren Geschmack hat. Im Übermaß genossen sind Oxalate giftig.

REZEPTE: Kräuterbrühe (Seite 86).

MAJORAN UND OREGANO

★ **Essenzielles Öl**

- **Verdauungssystem:** Unterleibsbeschwerden, Blähungen
- **Atemwege:** Bronchitis, Erkältungen, Grippe

Majoran und Oregano sind zwar zwei verschiedene Pflanzen, aber kulinarisch und medizinisch sind sie austauschbar. Beide sind hervorragende Mittel gegen Bakterien, wirken schleimlösend und regulieren das Verdauungssystem. Sie sind eine gute Naturmedizin bei Ohren-, Nasen-, Hals- und Lungeninfektionen. Die essenziellen Öle dieser Kräuter können bei Rheuma oder Hautentzündungen auf die Haut aufgetragen werden. Das Öl sollte mit etwas Mandelöl verdünnt werden.

REZEPTE: Majoran-Aufguss (Seite 117).

BORRETSCH

★ **Gamma-Linolensäure**

- **Atemwege:** Bronchitis

Borretsch enthält blutreinigende, harntreibende und abführende Substanzen und verhindert die Bildung von Giftstoffen im Körper. Borretschsamen enthält Gamma-Linolensäure, eine essenzielle Fettsäure, die den Körper dabei unterstützt, Prostaglandine zu bilden. Das sind hormonartige Substanzen, die für eine genügende Blutverdünnung sorgen, den Blutdruck senken, den Wasserhaushalt und den Blutzucker regulieren. Borretschöl ist ein gutes Mittel bei reifer Haut und trockener Schuppenflechte. Junge Borretschblätter schmecken vorzüglich roh im Salat, besonders mit Löwenzahn und Brunnenkresse. Sie können aber auch über Suppen gestreut werden oder in frische Gemüsesäfte gemixt werden.

REZEPTE: Borretschblätter in Essig (Seite 116).

KORIANDER

★ **Vitamin B, Folsäure und essenzielles Öl**

- **Verdauungssystem:** Bauchschmerzen, Verdauungsstörungen, Blähungen, nervöse Darmbeschwerden

Koriander ist ein aromatisches Kraut mit antibiotischer Wirkung, das sehr hilfreich bei vielen Verdauungsstörungen ist. Es ist weit verbreitet in der asiatischen Küche und in Nord-Afrika. Die Blätter werden gehackt über Suppen, Salate und Hauptgerichte gestreut. Die Samen enthalten mehr Wirkstoffe als die Blätter und können daher sehr gut zu medizinischen Aufgüssen verarbeitet werden.

REZEPTE: Koriander-Dressing (Seite 89), Koriandersamen-Aufguss (Seite 119), Koriandersamen-Tinktur (Seite 124).

ROSMARIN

★ **Essenzielles Öl**

- **Knochen und Gelenke:** Gicht
- **Verdauungssystem:** Dickdarmkatarrh, Durchfall, Blähungen, Darminfektionen, nervöse Darmbeschwerden
- **Atemwege:** Asthma
- **Nervensystem, Geist, Gemüt:** Kopfschmerzen, Neuralgie
- **Immunsystem:** Erkältungen, Grippe

Rosmarin enthält ein essenzielles Öl, das harntreibend wirkt, die Schweißabsonderung fördert, die Galle anregt, die Verdauung stimuliert und antiseptisch auf Lungen und Verdauungstrakt wirkt. Verdünnt mit etwas Mandelöl wird die Essenz von Rosmarin bei Rheuma und Muskelkrämpfen in die Haut massiert.

REZEPTE: Karotten mit Rosmarin (Seite 15).

LORBEER

★ **Essenzielles Öl**

- **Verdauungssystem:** Verdauungsstörungen, Blähungen
- **Frauenleiden:** Menstruationsbeschwerden

Lorbeerblätter enthalten antiseptische, anregende und krampflösende Substanzen. Lorbeer kann in Schmorgerichten und Suppen verwendet werden oder als Aufguss zur Verdauungsförderung und bei Völlegefühl. Bei Infektionen im Rachenraum gurgelt man mit dem Aufguss. Übergießen Sie 3–4 Bblätter mit einer Tasse kochendem Wasser, und lassen Sie den Aufguss bedeckt 10 Minuten ziehen, danach abseihen.

REZEPTE: Orangenschalen-Aufguss (Seite 117).

KERBEL

★ **Vitamine A, B, C, dazu Eisen, essenzielles Öl**

- **Knochen und Gelenke:** Gicht
- **Herz und Kreislauf:** Anämie
- **Atemwege:** Bronchitis

Kerbel wirkt harntreibend und abführend. Er regt den Appetit an, unterstützt die Leber und reguliert den Gallenfluss. Kerbel wirkt antiseptisch auf die Lungen und schleimlösend auf die Atemwege. Kerbel sollte roh verzehrt werden, entweder im Salat oder über die Speisen gestreut. Er passt zu Fisch, Fleisch und allen Gemüsegerichten. Frisch gehackter Kerbel wird auch bei Insektenstichen direkt auf die Haut gerieben.

REZEPTE: Kräuterbrühe (Seite 86), Petersilie-Zwiebel-Zitronen-Salat (Seite 93), Kartoffeln mit Kräutersoße (Seite 105).

ZITRONENMELISSE

★ **Essenzielles Öl**

- **Verdauungssystem:** Verdauungsschwäche
- **Nervensystem, Geist, Gemüt:** Ängste, Schlaflosigkeit, Migräne, Neuralgie

Zitronenmelisse enthält eine Substanz, die eine krampflösende Wirkung hat. Auch wenn sie in der Küche nicht häufig verwendet wird, so ist sie doch Bestandteil vieler Kräuterliköre wie Chartreuse oder Benedictine. Zitronenmelisse lindert Krämpfe der Muskeln, der Verdauungsorgane und der Atmungsorgane.

REZEPTE: Zitronenmelisse-Kamillen-Aufguss (Seite 118), Perlender Zitronenmelisse-Aufguss (Seite 119).

HOLUNDER

★ **Essenzielles Öl**

Blüten, Beeren und Rinde können alle medizinisch genutzt werden und wirken entzündungshemmend. Die Blüten wirken schweißtreibend, was besonders hilfreich ist bei Erkältungen und Grippe. Sie helfen auch bei Windpocken, Röteln und Scharlach. Sie haben eine harntreibende Wirkung, sind entgiftend und regulieren den Gallenfluss. Die Beeren helfen bei Verstopfung, Kopfschmerzen und einer milden Form von Neuralgie. Die Rinde wirkt ebenfalls harntreibend und ist hilfreich bei Rheuma, Arthritis, Nierenentzündung und Blasensteinen.

REZEPTE: Holunder-Kamillen-Aufguss (Seite 118), Holunderbeer-Sirup (Seite 125).

LINDE

★ **Essenzielles Öl**

Die Lindenblüten haben eine krampflösende, schweißtreibende und beruhigende Wirkung, außerdem regulieren sie die Konsistenz des Blutes und verhindern die Blutgerinnung. Dies senkt das Risiko von Herzgefäßerkrankungen. Ein Aufguss schmeckt sehr gut und hilft bei Schlaflosigkeit. Übergießen Sie eine Hand voll Lindenblüten mit 300 ml kochendem Wasser, und lassen Sie den Aufguss 5 Minuten ziehen.

REZEPTE: Birnen mit Kräutern (Seite 108).

SALBEI

★ **Essenzielles Öl**

● **Frauenleiden:** Menstruationsschmerzen, Beschwerden der Wechseljahre

Es gibt mehr als 200 Sorten von Salbei, der am häufigsten verwendete ist der gewöhnliche Salbei *(Salvia officinalis)*. Salbei wirkt sich besonderst günstig auf das Verdauungssystem aus, wirkt anregend bei zu niedrigem Blutdruck, lindert übermäßiges Schwitzen und hilft bei Müdigkeit.

REZEPTE: Knoblauch-Salbei-Suppe (Seite 49).

BOHNENKRAUT

★ **Essenzielles Öl**

● **Verdauungssystem:** Durchfall, Blähungen

● **Atemwege:** Asthma, Bronchitis

Es gibt zwei Arten von Bohnenkraut. Das Sommer-Bohnenkraut, das im Garten kultiviert wird und das Winter-Bohnenkraut, das in der freien Wildnis wächst. Bohnenkraut wirkt wohltuend auf das Nervensystem und ist hilfreich bei Verdauungsschwäche.

DILL

★ **Essenzielles Öl**

● **Verdauungssystem:** Unterleibskrämpfe, Koliken

● **Frauenleiden:** unregelmäßige Menstruation, Menstruationsschmerzen

Dill ist eine Art wilder Fenchel. Sowohl die Blätter als auch die Samen haben Heilwirkungen und können benutzt werden. Dill wird auch stillenden Müttern empfohlen, weil seine Aromastoffe in die Milch übergehen und ihren Geschmack verbessern.

REZEPTE: Linsensuppe (Seite 89), Dillsamen-Sud (Seite 120), Aromatischer Essig (Seite 116).

KAMILLE

★ **Nobiline, Chamazulene, essenzielle Öle**

● **Verdauungssystem:** Koliken, Durchfall, Verdauungsschwäche, nervöse Darmbeschwerden

● **Nervensystem, Geist, Gemüt:** Schlaflosigkeit, Migräne, Neuralgie

● **Frauenleiden:** Menstruationsbeschwerden

Kamillen enthalten Nobiline, ein Bitterstoff, und Chamazulene, die stark entzündungshemmend wirken. Ein Kamillen-Aufguss ist bekannt für seine beruhigende Wirkung und seine Linderung bei Verdauungsstörungen. Er regt die Leberfunktion an, reguliert den Gallenfluss und wird äußerlich angewendet bei Entzündungen im Mund, auf der Haut, bei leichten Verbrennungen, Sonnenbrand, Dermatitis und Ekzemen. Bei Bindehautentzündungen nimmt man den Aufguss zum Ausspülen der Augen. Kamillenblüten und Weißwein ergeben einen ausgezeichneten, leicht bitteren Aperitif.

REZEPTE: Zitronenmelisse-Kamillen-Aufguss (Seite 118), Holunder-Kamillen-Aufguss (Seite 118), Kamillen-Zitronen-Wein (Seite 123), Kamillen-Aperitif (Seite 123).

GEWÜRZE UND SAMEN

KARDAMOM

★ **Essenzielles Öl**

● **Verdauungssystem:** Durchfall

Kardamom ist sehr aromatisch und ein beliebter Bestandteil der indischen Küche. Er wird zu Currys gegeben oder aromatisiert Süßspeisen und Desserts. Kardamom regt den Appetit an und fördert die Verdauung. Das essenzielle Öl sorgt für einen frischen Atem. Besonders nach dem Verzehr von Knoblauch ist Kardamom sehr hilfreich, es überdeckt den Geruch und verhindert Sodbrennen.

REZEPTE: Scharfe Kardamomsoße (Seite 105), Gekochte Aprikosen mit Kardamom (Seite 109).

ZIMT

★ **Essenzielles Öl**

● **Immunsystem:** Erkältungen, Grippe

Zimt wirkt bakterientötend und schützt dadurch die Atemwege und das Herz. Er wirkt außerdem krampflösend und regt die Verdauung an.

REZEPTE: Zimt-Wein (Seite 121).

Knoblauch

Knoblauch wirkt gerinnungshemmend, senkt den Cholesterinspiegel im Blut und besitzt antibakterielle und pilztötende Eigenschaften

Die Geschichte des Knoblauchs

Knoblauch gehört zur Familie der Liliengewächse, ebenso wie Zwiebeln, Schalotten, Lauch, Schnittlauch und Frühlingszwiebeln. Er stammt ursprünglich aus Zentral-Asien, wurde aber schon vor tausenden von Jahren in China, Mesopotamien, in der Türkei, im Iran, Irak und in Ägypten angebaut. Knoblauch ist sehr bekannt als heilendes Lebensmittel, sowohl für die Vorbeugung von Krankheiten wie für die Behandlung bereits bestehender Erkrankungen. Im alten Ägypten gab man bereits etwa 2600 v. Chr. den Arbeitern, die die Pyramiden bauten, Knoblauch zu essen, damit sie kräftig blieben und nicht erkrankten. Auch die alten griechischen Krieger aßen Knoblauch, um stark zu sein und um sich vor Infektionen zu schützen. Auch in Europa ist die heilende Wirkung des Knoblauchs gegen Krankheiten schon lange bekannt. Im 16. Jahrhundert benutzten Mönche Knoblauch als Heilmittel gegen die Pest. Der Einsatz von Knoblauch war während der Cholera-Epidemie im 19. Jahrhundert ebenfalls sehr weit verbreitet.

Die Inhaltsstoffe des Knoblauchs

Der Hauptinhaltsstoff des Knoblauchs ist ein flüchtiges Öl, das Allicin. Es wird freigesetzt, wenn die Knoblauchzehe zerdrückt wird. Außerdem enthält er verschiedene Schwefelkomponenten, die beim Braten oder Kochen freigesetzt werden.

Frühere Studien haben gezeigt, dass Allicin die Blutgerinnung reguliert. Es verhindert, dass sich Blutklümpchen bilden, löst bereits vorhandene Klümpchen auf, sorgt gleichzeitig für einen freien Blutfluss und senkt zu hohen Blutdruck. Knoblauch unterdrückt die Produktion von Cholesterin in der Leber und sorgt gleichzeitig für einen vermehrten Abbau von Cholesterin. Dadurch wird er zu einem wirksamen Heilmittel für alle, die an zu hohem Blutdruck leiden, thrombosegefährdet sind oder mit Herz- und Kreislaufproblemen zu kämpfen haben.

Allicin wirkt stark antibakteriell und pilztötend. Roh genossener Knoblauch ist ein gutes Mittel bei Erkältungen und Erkrankungen der Atemwege. Knoblauch wirkt auch heilend bei Infektionen des Verdauungssystems. Er reguliert das Gleichgewicht der Darmbakterien und hilft bei Parasiten und Darmwürmern. Knoblauch in Milch gekocht ergibt einen sehr hilfreichen Sud gegen Darmparasiten. Trinken Sie den Sud mehrere Tage lang jeden Morgen.

Frühere Untersuchungen haben ergeben, dass Dialylsulfide, ebenfalls ein Inhaltsstoff des Knoblauchs, dem Wachstum von bösartigen Tumoren entgegen wirken.

Eine Kur mit Knoblauch

Ein alter europäischer Volksbrauch besagt, dass man eine Knolle Knoblauch in einen Beutel stecken und ihn einem Kind um den Hals hängen soll, damit es vor Erkältungen und Grippe bewahrt bleibt. Will man sich vor Darmparasiten schützen, so muss der Beutel vor den Unterleib gebunden werden. Wissenschaftler haben herausgefunden, dass tatsächlich einige der Schwefelsubstanzen im Knoblauch von der Haut absorbiert werden können.

Den höchsten medizinischen Wert hat eine kurmäßige Anwendung mit Knoblauch, wenn man täglich 2 rohe Zehen zu sich nimmt. Für viele Menschen ist dies jedoch wegen des Geruchs nicht möglich. Geruchlose Produkte mit den Wirkstoffen des Knoblauchs sind dann ein Ausweg. Wenn Sie nach dem Genuss von Knoblauch Kardamomsamen, Petersilienblätter oder ein paar geröstete Kaffeebohnen kauen, wird der Geruch allerdings auch überdeckt.

Knoblauch kann auch sehr wirkungsvoll in Tinkturen, Getränken, Suppen und Soßen verarbeitet werden. Um eine Knoblauch-Tinktur herzustellen, müssen Sie 50 g Knoblauch in 250 ml starkem Wodka einlegen und in einer lichtundurchlässigen, gut verschließbaren Flasche zwei Wochen ziehen lassen. Seihen Sie dann die Mixtur ab, und zerdrücken Sie den Knoblauch mit einem Löffel, damit keine wertvollen flüssigen Substanzen verloren gehen. Nehmen Sie 2-mal täglich 15 Tropfen mit etwas Wasser verdünnt ein, um den Blutdruck und den Cholesterinspiegel zu senken, um Erkältungen oder eine chronische Bronchitis zu heilen und um Ihren Verdauungstrakt vor Bakterien zu schützen. Bewahren Sie die Tinktur in einer luftdichten Flasche lichtgeschützt auf. Auf diese Weise ist sie bis zu 2 Jahren haltbar.

ANWENDUNGSGEBIETE

- **Herz und Kreislauf:** Arteriosklerose, Bluthochdruck, Thrombose
- **Verdauungssystem:** Magen-Darm-Katarrh, Darmparasiten, Magengeschwüre
- **Immunsystem:** Erkältungen, Grippe

Knoblauch-Salbei-Suppe

4–5 Knollen Knoblauch, geschält
2 Liter Wasser
etwa 10 Salbeiblätter
Salz und Pfeffer
3 oder 4 dicke Scheiben Roggenbrot
150 ml kaltgepresstes Olivenöl
frische feingehackte Petersilie oder Kerbel

Kochen Sie die geschälten Knoblauchzehen etwa 20 Minuten im Wasser. Fügen Sie den Salbei hinzu, und schmecken Sie mit Salz und Pfeffer ab. Lassen Sie die Suppe eine kurze Weile ziehen. Legen Sie das Roggenbrot in eine längliche Terrine, und gießen Sie das Olivenöl über das Brot. Dann gießen Sie die Suppe darüber und bestreuen sie mit der gehackten Petersilie oder dem Kerbel.

Knoblauch-Karotten-Spinat-Cocktail

4 mittelgroße Karotten, geschält und in Scheiben geschnitten
120 g frischen Spinat
2 Knoblauchzehen, geschält
zerstoßenes Eis
Salz und Pfeffer

Zutaten in den Mixer geben und mit Salz und Pfeffer abschmecken.

Knoblauch-Walnuss-Soße

50 g Knoblauch, geschält
75 g Walnüsse
250 ml Walnussöl
Salz und Pfeffer
1 Esslöffel feingehackte Petersilie

Zutaten in den Mixer geben, kaltes Wasser hinzu fügen, wenn nötig.

WACHOLDERBEEREN

★ **Essenzielles Öl**

- **Knochen und Gelenke:** Gicht, Rheuma
- **Verdauungssystem:** Darminfektionen
- **Nieren und Blase:** Blasenentzündung

Wacholderbeeren wirken antiseptisch, abführend und harntreibend. Sie verhindern die Bildung von Harnsäure, entgiften den Körper und enthalten ein stark antibakteriell wirkendes essenzielles Öl. Wacholderbeeren sind wirksam bei Verdauungsschwäche und Infektionen im Brustraum. Sie sind ein Heilmittel bei Diabetes, denn sie regen die Bauchspeicheldrüse an, die für die Insulinproduktion verantwortlich ist. Wacholderbeeren können auch äußerlich eingesetzt werden. Kochen Sie 50 g Wacholderbeeren und kleine Zweige in 1 Liter Wasser 10 Minuten auf, seihen Sie die Flüssigkeit ab, und verwenden Sie den abgekühlten Sud bei Akne, Ekzemen und schlecht heilenden Wunden.

REZEPTE: Eingelegte Weiße Rüben (Seite 114), Holunderbeer-Wein (Seite 123).

ANIS

★ **Essenzielles Öl**

- **Verdauungssystem:** Koliken, Blähungen, Verdauungsstörungen, Brechreiz, Erbrechen
- **Nervensystem, Geist, Gemüt:** Migräne
- **Frauenleiden:** Menstruationsschmerzen, unregelmäßige Menstruation

Anissamen und Sternanis (die Frucht) enthalten dieselben Wirkstoffe, nämlich ein wirksames essenzielles Öl, das stark krampflösend wirkt und das Herz, die Atemwege und das Verdauungssystem stärkt. Anis ist leicht harntreibend, sorgt für einen guten Gallenfluss und fördert die Verdauung. Empfehlenswert für stillende Mütter!

REZEPTE: Birnen mit Kräutern (Seite 108), Anis-Likör (Anisette) (Seite 122), Anissamen-Tinktur (Seite 124).

NELKEN

★ **Essenzielles Öl**

- **Verdauungssystem:** Durchfall
- **Immunsystem:** Erkältungen, Grippe

Das essenzielle Öl hat eine starke antiseptische Wirkung und ist heilsam bei Darminfektionen. Viele Reisende kauen Nelken, um sich vor Darminfektionen und Hepatitis zu schützen. Nelken haben auch eine leicht betäubende Wirkung. Mit Nelkenöl behandelt man infizierte Wunden, Zahnschmerzen und Mundgeschwüre.

CHILI

★ **Vitamin C, ausserdem Spurenelemente, essenzielles Öl mit bis zu 1 % Capsaicin.**

- **Verdauungssystem:** Durchfall, Verdauungsstörungen, Blähungen
- **Immunsystem:** Erkältungen

Es gibt ungefähr 50 verschiedene Sorten von Chili in allen möglichen Formen und Größen. Die Farbe des Chilies, ob grün, gelb, rot oder violett, zeigt seinen Reifegrad an. Ein essenzielles Öl im Chili enthält Capsaicin, welches eine gute Wirkung auf Herz und Kreislauf hat. Chili hilft bei Verdauungsproblemen und Kreislaufbeschwerden. Ein übermäßiger Genuss kann zu Entzündungen im Magen-Darm-Trakt führen.

REZEPTE: Scharfe Kardamomsoße (Seite 105).

INGWER

★ **Essenzielles Öl**

- **Verdauungssystem:** Brechreiz, Erbrechen
- **Immunsystem:** Erkältungen, Grippe
- **Frauenleiden:** morgendliche Übelkeit

Ingwer regt den Appetit an, wirkt antiseptisch und hilft bei Brechreiz, besonders bei morgendlicher Übelkeit. Zusammen mit Frühlingszwiebeln, Knoblauch, Nelken in heißer Brühe wirkt er schweißtreibend und lindert Erkältungen. Ingwer kann auch in einem Massageöl äußerlich angewendet werden. Das hilft bei Rheuma und verbessert die Blutzirkulation in den Muskeln. Mischen Sie dazu 3 ml Ingweröl mit 1 ml Rosmarinöl, 1 ml Wacholderbeerenöl und 100 ml Pflanzenöl.

REZEPTE: Gegrillter Lachs mit Honig und Ingwer (Seite 57), Schnittlauch-Ingwer-Brühe (Seite 88), Rhabarber-Ingwer-Kuchen (Seite 107), Gebackene Papaya mit Ingwer (Seite 109), Ingwer-Aufguss (Seite 118).

MUSKATNUSS

★ **Essenzielles Öl**

- **Verdauungssystem:** Durchfall

Die Muskatnuss enthält ein essenzielles Öl, das in großen Mengen genossen giftig wirkt, in kleineren Dosen dagegen sehr hilfreich. Sie hat eine antiseptische Wirkung auf das Verdauungssystem und enthält schmerzlindernde Substanzen. Muskatnuss hilft bei Mundgeruch, Verdauungsschwäche und anderen Verdauungsproblemen. Mit Mandelöl verdünntes Öl kann bei Rheuma und Neuralgie direkt auf die Haut aufgetragen werden.

KREUZKÜMMEL

★ **Essenzielles Öl**

● **Verdauungssystem:** Blähungen

Kreuzkümmelsamen haben eine beruhigende Wirkung und sind hilfreich bei Blähungen. Er ist gut bei Verdauungsschwäche und wird stillenden Müttern empfohlen.

REZEPTE: Kreuzkümmelsamen-Sud (Seite 120.).

SAFRAN

★ **Bitterstoffe, essenzielles Öl**

● **Verdauungssystem:** Verdauungsstörungen

● **Frauenleiden:** Menstruationsschmerzen

Safran enthält beruhigende und krampflösende Wirkstoffe. Es kann Bronchialkrämpfe lindern und hilft bei Hals- und Zahnfleischentzündungen, indem es die Schmerzen lindert.

KAKAO

★ **Eisen, Magnesium, Theobromin, Pflanzenfett**

Kakao enthält Theobromin, eine Substanz, die einen ähnlichen Effekt hat wie Coffein hat, aber weniger giftig ist, den Blutdruck nicht erhöht und nicht süchtig macht. Guter Kakao wirkt leicht harntreibend und entgiftend. In einigen Fällen kann Kakao Migräne auslösen. Gute Schokolade enthält mindestens 60 % Kakao.

SONNENBLUMENKERNE

★ **Linolensäure, Stearin- und Palmitinsäure, mehrfach ungesättigte Fettsäuren**

● **Verdauungssystem:** Verstopfung

Sonnenblumenkerne sind gut für die cholesterinreduzierte Ernährung. Sie schmecken geröstet vorzüglich und enthalten wertvolle essenzielle Fettsäuren.

MEERRETTICH

★ **Vitamin C ausserdem Kalzium, Eisen, Magnesium, Phosphat, Kalium, Schwefel, essenzielles Öl**

● **Knochen und Gelenke:** rheumatoide Arthritis, Gicht, Rheuma

● **Atemwege:** Bronchitis, Erkältungen, Husten

Meerrettich besitzt krampflösende Eigenschaften, sorgt für guten Gallenfluss und wirkt sich wohltuend auf die Nebenhöhlen aus.

REZEPTE: Meerrettichsoße (Seite 105).

VANILLE

★ **Essenzielles Öl**

Vanille wirkt leicht tonisch. Sie regt das Verdauungssystem an und ihr essenzielles Öl enthält antiseptische Wirkstoffe.

FENCHELSAMEN

★ **Essenzielles Öl**

● **Knochen und Gelenke:** Gicht

● **Verdauungssystem:** Unterleibsschmerzen, Koliken, Brechreiz, Erbrechen, morgendliche Übelkeit

Fenchelsamen wirken leicht harntreibend und verhindern die Bildung von Harnsäure. Sie haben eine ähnliche Wirkung wie Östrogen und regulieren daher die Menstruation. Wichtigstes Gebiet sind jedoch Probleme mit dem Verdauungsapparat, wie Verdauungsschwäche, Appetitmangel, Blähungen, Brechreiz und Erbrechen.

REZEPTE: Fenchelsamen-Sud (Seite 120).

GEWÜRZE, HONIG UND WEIN

ESSIG

★ **Kalium, Phosphat, Spurenelemente wie Kupfer und Zink**

● **Knochen und Gelenke:** rheumatoide Arthritis, Gicht, Rheuma

● **Immunsystem:** Halsschmerzen

Essig hilft bei vielen Problemen. Eine Mischung aus Honig, Essig und Wasser zum Gurgeln lindert Halsschmerzen. Essig wirkt auf der Haut tonisch und desinfizierend. Weil er eine auflösende Eigenschaft hat, lassen sich viele medizinisch wertvollen Stoffe in ihm auflösen und bewahren. Selbst gemachter aromatisierter Essig lässt sich zu Salaten oder beim Kochen verwenden und steigert den Wert anderer wichtiger Lebensmittel. Übermäßiger Essiggenuss sollte vermieden werden, da es sonst zu Magen- und Darmproblemen kommen könnte.

REZEPTE: Eingelegte Weiße Rüben (Seite 114), Eingelegte Rote Bete (Seite 114), Eingelegter Blumenkohl (Seite 114), Brombeer-Essig (Seite 114), Himbeer-Essig (Seite 114), Borretschblätter in Essig (Seite 116), Estragon-Essig (Seite 116), Schalotten-Essig (Seite 116), Kräuter-Essig (Seite 116), Aromatischer Essig (Seite 116).

WEIN

★ **Bioflavonoide, Tannin**

● **Herz und Kreislauf:** Bluthochdruck

Eine geringe Menge Wein (nie mehr als 2 Gläser pro Tag) wirkt sich positiv auf das Herz- und Kreislaufsystem aus. Rotwein senkt Herzinfarktrisiko, besonders bei Menschen, die an einem zu hohen Cholesterinspiegel und Bluthochdruck leiden.

REZEPTE: Schwarzer-Johannisbeerwein (Seite 121), Zimt-Wein (Seite 121), Artischockenwein (Seite 123), Kirschblatt-Wein (Seite 123), Holunderbeer-Wein (Seite 123), Kamillen-Zitronen-Wein (Seite 123), Kamillen-Aperitif (Seite 122).

BLÜTENPOLLEN

★ **Vitamine B, D, E ausserdem Magnesium, Kalium, Spurenelemente, essenzielle Aminosäuren**

Blütenpollen sind ein leicht verdauliches wertvolles Lebensmittel, das den Energiehaushalt kräftigt und stärkt. Ein Esslöffel täglich eingenommen ist eine ausreichende Menge.

PFEFFERKÖRNER

★ **Spurenelemente, Chrom, essenzieller Ölkomplex**

● **Verdauungssystem:** Durchfall, Verdauungsstörungen

● **Immunsystem:** Erkältungen, Halsschmerzen

Pfefferkörner sind gut bei Problemen mit dem Verdauungsapparat. Sie regen die Herztätigkeit und den Kreislauf an. Ein übermäßiger Genuss kann zu Entzündungen im Magen und Darm führen.

HONIG

★ **Aromatische Substanzen, Fruktose, Glukose, Blütenpollen**

● **Verdauungssystem:** Durchfall

● **Atemwege:** Asthma, Bronchitis

● **Immunsystem:** Halsschmerzen

Honig ist ein natürliches Antibiotikum, das innerlich und äußerlich angewendet werden kann. Er lindert Atemwegsinfektionen, beruhigt die Nerven, erleichtert den Schlaf und desinfiziert Wunden und Entzündungen. Auch wenn Honig ein gutes Mittel bei Durchfall ist, hat er auch leicht abführend wirkende Substanzen. Ein paar Tropfen Zitronensaft gemischt mit einem Teelöffel Honig ist ein ausgezeichnetes Mittel gegen Halsschmerzen.

REZEPTE: Gegrillter Lachs mit Honig und Ingwer (Seite 57), Pfirsich-Sirup (Seite 124).

GELEE ROYAL

★ **Vitamin B-Komplex, C und Aminosäuren**

● **Herz und Kreislauf:** Anämie

● **Nervensystem, Geist, Gemüt:** Depressionen, Erschöpfung, Müdigkeit

Gelee Royal ist eine weißliche Substanz, die von den Bienen hergestellt wird. Mit dieser hochwertigen Substanz werden die Larven gefüttert, die einmal Königinnen werden. Gelee Royal ist für Kinder und ältere Menschen geeignet.

SENF

★ **Essenzielles Öl, Fermente**

● **Verdauungssystem:** Verstopfung

Der weiße Senfsamen wird für gewöhnlich als Gewürz benutzt, während Kräuterkundler den schwarzen Samen bevorzugen. Senf erhitzt den Magen und fördert auf diese Weise den gesamten Verdauungsprozess.

REZEPTE: Tafelsenf (Seite 116).

Fleisch, Fisch und Milchprodukte

GEFLÜGEL UND WILD

★ **VITAMIN B-KOMPLEX, EISEN, SPURENELEMENTE, ZINK, PROTEIN**

Der Vorteil von Geflügel und Wild ist, dass es magerer ist als andere Fleischsorten. Rotes Fleisch z.B. enthält eine Menge verstecktes Fett, was dazu führen kann, dass sich der Cholesterinspiegel erhöht und das Risiko von Fettablagerungen in den Arterien steigt. Wenn Sie Ihren Verbrauch an rotem Fleisch reduzieren und stattdessen öfter Geflügel und Wild auf den Tisch bringen, reduzieren Sie auch das Risiko von Herzkranzerkrankungen.

REZEPTE: Hühnerbrust mit Selleriebrei (Seite 100), Hühner-Hirse-Gerste-Sellerie Pilau (Seite 101).

ROTES FLEISCH

★ **VITAMIN B-KOMPLEX (BESONDERS B_{12}), SELEN, ZINK, ESSENZIELLE AMINOSÄUREN, PROTEIN**

Rotes Fleisch sollte wegen des hohen Fettgehalts nicht zu oft verzehrt werden. Suchen Sie sich magere Stücke von Lamm, Schwein und Rind aus und entfernen Sie sichtbares Fett. Durch die moderne Tierhaltung bedingt können sich Rückstände von Antibiotika oder Hormonen im Fleisch befinden. Kaufen Sie möglichst aus biologisch kontrollierter Tierhaltung.

REZEPTE: Lammfleisch mit Spinat und Linsen (Seite 99).

MEERESFRÜCHTE, KRUSTEN- UND WEICHTIERE

★ **JOD, EISEN, SELEN, ZINK, ANDERE SPURENELEMENTE, PROTEIN**

Krusten- und Weichtiere sind energiereich und enthalten die Antioxygene Zink und Selen. Sie stärken das Immunsystem und sind zudem eine kalorienarme Quelle für Protein. Meeresfrüchte sollten als Alternative zu Fleisch regelmäßig auf den Speiseplan stehen.

EIER

★ **VITAMINE B, D AUSSERDEM KALZIUM, CHROM, JOD, EISEN, SELEN, ZINK, CHOLESTERIN, PROTEIN**

Eier sind eine gute Proteinquelle, sie sollten aber von Menschen gemieden werden, die einen zu hohen Cholesterinspiegel haben. Kaufen Sie nur Eier von artgerecht gehaltenen Hühnern.

REZEPTE: Buchweizen mit Lauchsoße (Seite 97), Kräuterlauch mit Polenta (Seite 99).

MILCH, KÄSE, BUTTER, JOGURT

★ **VITAMINE A, B, D UND KALZIUM, ESSENZIELLE AMINOSÄUREN, PROTEIN**

Auch wenn Milch und Milchprodukte gute Quellen für Protein und Kalzium darstellen, sind sie nicht immer leicht verdaulich. Bei der Sterilisierung der Milch werden viele Fermente zerstört, die normalerweise die Verdauung, besonders des Milchzuckers Laktose, erleichtern. Ohne diese Fermente kann die Laktoseunverträglichkeit auftreten. Symptome sind Durchfall, Blähungen und Unterleibsschmerzen. Milch kann Ekzeme und Atemwegsprobleme verschlimmern und auch die Schleimbildung fördern. Wenn Sie den Verdacht haben, an Laktoseunverträglichkeit zu leiden, dann streichen Sie Milch und Milchprodukte für 2 Wochen von Ihrem Speiseplan. Beobachten Sie in dieser Zeit, ob Ihre Symptome sich verringern oder vielleicht ganz verschwinden. Käse, Butter und Sahne sollten nur in ganz kleinen Mengen verzehrt werden, ihre gesättigten Fette können zu Fettablagerungen in den Arterien führen. Meiden Sie diese Lebensmittel ganz, wenn Sie übergewichtig sind oder einen zu hohen Cholesterinspiegel haben. Biogurt ist gut für die Gesundheit und erhält mit den lebenden Jogurtbakterien die natürliche Darmflora. Er unterstützt den Verdauungsprozess von Laktose. Alle Milchprodukte können leichter verdaulich werden, wenn Sie sie mit Biogurt mischen, etwa wenn Sie Hüttenkäse mit 2–3 Esslöffeln Biogurt verrühren.

REZEPTE: Hüttenkäse mit Brunnenkresse (Seite 95), Heilbuttsteak mit Brennnesselbutter (Seite 101), Frische Feigen mit Himbeer-Hüttenkäse (Seite 109).

Fetter Fisch

Fettreicher Fisch wie Makrele, Lachs, Hering und Tunfisch ist reich an mehrfach ungesättigten Fettsäuren, die bekannt sind unter dem Namen Omega-3-Fettsäuren. Studien haben gezeigt, dass eine Ernährung mit reichlich Omega-3-Fettsäuren das Risiko von Herzkrankheiten erheblich verringert.

Die Inhaltsstoffe von fettreichem Fisch

Sowohl fettreicher Süßwasser- wie auch fettreicher Salzwasserfisch sind wichtige Bestandteile einer gesunden, heilenden Ernährung. Viele Ernährungswissenschaftler raten, häufig Fisch zu essen und dafür weniger rotes Fleisch. Fettreicher Fisch ist reich an Vitamin D und Omega-3-Fettsäuren. Dadurch ist er besonders gesund für die Herzgefäße. In Gebieten, in denen viel fettreicher Fisch verzehrt wird, liegt die Rate der Herzgefäßerkrankungen weit unter dem Durchschnitt. Die Eskimos, die sich überwiegend von fettreichem Fisch ernähren, sind ein gutes Beispiel dafür.

Krankheiten vorbeugen

Fettreicher Fisch kann helfen, viele gesundheitliche Probleme zu verringern, so wirkt er gesundheitsfördernd bei Bluthochdruck und Arteriosklerose. Es ist nachgewiesen, dass regelmäßiger Verzehr von fettreichem Fisch das Risiko eines Herzinfarktes um ein Drittel senkt. Fettreicher Fisch enthält auch eine entzündungshemmende Substanz, die besonders wirksam ist bei entzündlichen Dickdarmgeschwüren und rheumatoider Arthritis. Fettreicher Fisch hilft aber auch bei Ekzemen, Psoriasis, Multipler Sklerose und schützt vor Krebs. Untersuchungen haben gezeigt, dass die Omega-3-Fettsäuren viele Arten von Allergien lindern und sogar die Gehirnentwicklung bei Kindern fördern.

Eine wichtige Eigenschaft der Omega-3-Fettsäuren ist die Bildung von Prostaglandinen. Prostaglandine sind hormonähnliche Substanzen, die viele gesundheitserhaltende Eigenschaften besitzen. Sie sorgen für die richtige Blutverdünnung, senken den Blutdruck, regulieren den Wasserhaushalt des Körpers und den Blutzuckerspiegel.

Fisch in die Ernährung aufnehmen

Omega-3-Fettsäuren finden sich in vielen Arten von Fischen und Krusten- und Weichtieren. Die wichtigsten Vertreter sind jedoch Makrele, Hering, Anschovis, Forelle, Lachs, Sardine, Weißfisch (Breitling) und roter Tunfisch. Menschen, die schon einen Herzinfarkt hatten oder an Herzgefäßerkrankungen leiden, wird geraten, täglich 30 g von diesen Fischsorten zu sich zu nehmen. Gesunden Menschen wird empfohlen, 2-mal in der Woche fettreichen Fisch zu essen, um die Gesundheit auf lange Sicht zu erhalten.

Oftmals werden Fischöl und Omega-3-Fettsäuren mit Dorschleberöl oder Lebertran verwechselt. Manche Menschen nehmen in den Wintermonaten Präparate aus Dorschleberöl, um sich zu schützen. Vorsicht ist aber geboten vor einer Überdosierung, sie ist sehr gesundheitsschädlich. Dorschleberöl ist sicher eine gute Quelle für die fettlöslichen Vitamine A und D, aber es ist arm an Omega-3-Fettsäuren. Die beste Quelle dafür ist frischer, fettreicher Fisch. Wenn er nicht zu bekommen ist, sind Sardinen oder Makrelen in Konserven eine gute Alternative.

ANWENDUNGSGEBIETE

- **Knochen und Gelenke:** rheumatoide Arthritis
- **Herz und Kreislauf:** Arteriosklerose, Bluthochdruck
- **Verdauungssystem:** Dickdarmgeschwüre
- **Haut, Haare, Nägel:** Ekzeme, Psoriasis

Makrelenauflauf

3 Kartoffeln, in Scheiben geschnitten
2 mittelgroße Tomaten, in Scheiben geschnitten
150 g kleine Zwiebeln, halbiert
2 Nelken
2 Knoblauchzehen
1 Kräuterstrauß
Eine Prise Safran
Salz und Pfeffer
150 ml trockener Weißwein
300 ml Wasser
1 kg Makrele, gesäubert und ausgenommen
2 Esslöffel Petersilie oder Schnittlauch, klein gehackt

Geben Sie die Kartoffelscheiben in eine gut eingefettete feuerfeste Form. Fügen Sie alle anderen Zutaten dazu, außer Petersilie oder Schnittlauch. Geben Sie nun das Gericht in den vorgeheizten Backofen, (200 °C) und backen Sie es 20 Minuten, bis der Fisch gar ist. Bestreuen Sie es vor dem Servieren mit Petersilie oder Schnittlauch.

Gegrillter Lachs mit Honig und Ingwer

800 g Lachsfilet
5 cm Ingwerwurzel, geschält und geraspelt
2 Knoblauchzehen
3 Esslöffel Sojasoße
1/2 Teelöffel Chinagewürz
2 Esslöffel Honig
2 Frühlingszwiebeln, geschnitten

Mischen Sie alle Zutaten in einer großen Schüssel, geben Sie den Lachs in die Marinade. Decken Sie die Schüssel mit Folie ab, und stellen Sie sie für 30 Minuten in den Kühlschrank. Nehmen Sie den Lachs heraus, und tupfen Sie ihn trocken. Bewahren Sie die Marinade auf. Danach wird der Lachs auf jeder Seite 5 Minuten gegrillt oder gebraten und währenddessen mit der Marinade bestrichen.

Teil 2

Hilfe bei häufigen Leiden

Wenn sich der Körper gegen eine Krankheit zur Wehr setzt, braucht er jede nur mögliche Unterstützung. Die richtige Ernährung spielt dabei eine wesentliche Rolle. Um Ihnen bei der Auswahl der richtigen Lebensmittel zu helfen, führen wir über hundert der häufigsten Krankheiten auf, nennen die entsprechenden helfenden Lebensmittel und geben Ihnen Menüvorschläge, damit Sie sich vor Krankheiten schützen können und Ihre Gesundheit erhalten oder wiedergewinnen.

Knochen und Gelenke

Die besten Lebensmittel für Knochen und Gelenke: Artischocke, Brennnesseln, fettreicher Fisch, Fischöl, Grüne Bohnen, Gurke, Ingwer, Käse, Kohl, Lauch, Löwenzahn, Milch, Rettich und Zwiebeln

Unsere Muskeln, Knochen und Gelenke werden durch die tägliche Belastung ständig in Mitleidenschaft gezogen. Im Laufe der Jahre ändert sich auch unser Muskel- und Knochensystem, was zu Schmerzen, Entzündungen oder Bewegungseinschränkung führen kann. Ein guter Blutkreislauf und das Vermeiden von Harnsäurebildung ist wichtig, um die Bewegungsfähigkeit aufrecht zu erhalten und schmerzvolle Erkrankungen zu vermeiden. Um Ihre Knochen und Gelenke zu schützen, vermeiden Sie Alkohol, säurehaltige Lebensmittel und zu viel rotes Fleisch.

Nehmen Sie viel mineralstoffhaltige Lebensmittel in Ihren Speiseplan auf, wie z.B. grüne Bohnen, entgiftend wirkende Lebensmittel wie Artischocken, Löwenzahn, Rettich und Lebensmittel, die harntreibend wirken wie Gurken, Lauch und Zwiebeln. Kalzium und Vitamin D stärken die Knochen. Kalziumreich sind Käse, Milch und frisches Gemüse.

Fettreicher Fisch enthält viel Vitamin D und Omega-3-Fettsäuren. Säfte und Aufgüsse stärken den Mineralhaushalt und helfen bei der Verdauung. Wenn Sie an chronischer Arthritis oder an Rheuma leiden, sollten Sie in regelmäßigen Abständen das Entgiftungsprogramm durchführen (siehe Seite 129).

Ständige Gymnastik hilft Ihnen, beweglich zu bleiben. Übergewicht hat negative Auswirkungen auf die Hüftgelenke, die Knie und den unteren Teil der Wirbelsäule. Wenn Sie in diesen Teilen des Körpers Schmerzen verspüren, sollten Sie unbedingt auf eine kalorienarme Ernährung achten.

BECHTEREW-KRANKHEIT

Fortschreitende, chronische Entzündung der Wirbelsäule, verbunden mit Schmerzen und Gelenkversteifung. Kommt häufig bei jungen Männern vor

✔ Siehe rheumatoide Arthritis. Um die Schmerzen zu lindern, massieren Sie die betroffenen Stellen mit Olivenöl ein, das mit Lorbeerblättern, Wacholderbeeren, Kamille und Rosmarin versetzt wurde. Bereiten Sie Aufgüsse mit den Blättern der Schwarzen Johannisbeere oder mit Erdbeerblättern und -wurzeln zu.

✘ Siehe rheumatoide Arthritis.

REZEPTE: Erdbeerblatt-Sud (Seite 120), Artischocken-Wein (Seite 123).

GICHT

Schmerzattacken, Schwellungen und Entzündungen. Häufig in den grossen Zehen, Knöcheln, Knien, Ellenbogen, verursacht durch Harnsäureablagerungen in den Gelenken

✔ Siehe rheumatoide Arthritis. Zusätzlich heilende Lebensmittel sind Basilikum, Sellerie, Kerbel, Brennnesseln, Rosinen, Himbeeren, Rosmarin, Erdbeeren. Legen Sie frische Kohlblätter auf die betroffenen Stellen, um die Schmerzen und die Entzündung zu lindern.

✘ Tee, Kaffee, Rhabarber, Alkohol.

REZEPTE: Apfel-Himbeer-Saft (Seite 111), Löwenzahn-Aufguss (Seite 117), Erdbeerblatt-Sud (Seite 120), Artischocken-Tinktur (Seite 124).

CHRONISCHE RÜCKENSCHMERZEN

! Eventuell osteopathische oder chiropraktische Behandlung nötig

✔ Siehe Hinweise zur rheumatoiden Arthritis, Knochen- und Gelenkentzündungen, die heilend gegen Schmerzen und Steifheit wirken.

KARPALTUNNEL-SYNDROM

Druck auf die Nerven des Handgelenks, verbunden mit plötzlichen Schmerzen im Arm und tauben oder brennenden Empfindungen in der Hand und in den Fingern. Kann hormonell bedingt sein, kommt gelegentlich in der Schwangerschaft vor oder bei wiederholter Überdehnung

✔ Siehe allgemeine Erläuterungen über die Pflege von Knochen und Gelenken sowie unter Schleimbeutelentzündung. Regelmäßiges Auflegen von frischen Kohlblättern oder von einer Mixtur aus Heilerde, Kohlblättern und Gurke lindert Schmerzen und Entzündung.

KNOCHEN- UND GELENKENTZÜNDUNG

Eine chronische, degenerative Erkrankung durch Übergewicht, häufig ab dem 40. Lebensjahr

✔ Siehe Hinweise zu Knochen und Gelenke. Heilende Lebensmittel sind Äpfel, Spargel, Schwarze Johannisbeeren, Kohl, Sellerie, Kerbel, Bohnen, Löwenzahn, Ingwer, Lauch, Oliven, Rettich, Schwarzwurzeln, Jogurt. Trinken Sie täglich Gemüse- oder Obstsaft, und verzehren Sie viel fettreichen Fisch, Fischöl oder Krusten- und Weichtiere.

MUSKELKRÄMPFE

Plötzliche, schmerzhafte Muskelkrämpfe, verursacht durch Kreislaufstörungen

✔ Siehe allgemeine Hinweise zu Blut und Kreislauf. Estragon enthält krampflösende Substanzen. Essen Sie magnesiumreiche Lebensmittel wie Vollkornprodukte, Nüsse, Samen, Fisch und grünes Gemüse.

TAGESPLÄNE BEI GELENKENTZÜNDUNGEN UND ANDEREN SCHMERZHAFTEN ERKRANKUNGEN

Diese Rezepte sind geeignet bei Arthritis, Rheuma, Gelenkschmerzen und -entzündungen und enthalten Lebensmittel mit entzündungshemmenden Substanzen. Menschen mit Arthritis aufgrund einer Allergie gegen Alkohol, Milchprodukte oder Weizen sollten die Lebensmittel mit einem Sternchen meiden.

Menü 1

Frühstück

Ein Schälchen ungezuckerter Haferbrei mit entrahmter Milch*, Jogurt und einem kleinen Glas Saft aus grünen Bohnen, Kohl oder anderem frischen Gemüse. Dazu ein Glas Ananas-, Apfel- oder Erdbeersaft.

Zwischenmahlzeit

Trockenfrüchte wie Rosinen oder Aprikosen, Löwenzahntee oder Zichorienkaffee.

Mittagessen

Kichererbsen- oder Lauch-Kartoffelsuppe mit Vollkornbrot*, ein gemischter Salat aus Kopfsalat, grünen Bohnen und Rettich mit Olivenöl und Zitronensaft angemacht, gedünsteten Lachs mit Kartoffeln, eine Birne oder einen Apfel.

Abendessen

Gedünstetes Gemüse mit Ingwer und Knoblauch, etwas Nudeln oder Reis, ein Löwenzahn- oder Schwarze-Johannisbeerblatt-Aufguss oder ein kleines Glas Artischocken-Wein*.

Menü 2

Frühstück

Ein kleines Schälchen Hüttenkäse mit zwei oder drei Esslöffeln Jogurt vermischt. Ein Glas Fruchtsaft (Trauben-, Apfel- oder Kirschsaft) und eine Scheibe Melone oder eine Banane.

Zwischenmahlzeit

Trockenfrüchte und Löwenzahn-Aufguss oder Zichorienkaffee.

Mittagessen

Nudeln mit Gemüse, geräucherten Lachs und Vollkornbrot*, ein Stück Obst.

Abendessen

Gemischter Salat mit Vollkornbrot*, Kamillen- oder Schwarze-Johannisbeerblätter-Aufguss oder ein kleines Glas Artischocken-Wein.

RHEUMATOIDE ARTHRITIS

Schmerzen, Entzündungen und Schwellungen in den Gelenken, verbunden mit Steifheit. Arthritis ist eine erblich bedingte Krankheit des Autoimmunsystems

! Allergien auf Milchprodukte, Weizen, Fette oder andere Lebensmittel können einen Arthritisschub auslösen. Wenn Sie den Verdacht auf eine Allergie haben, streichen Sie die verdächtigen Lebensmittel für 2–3 Wochen von Ihrem Speiseplan. Führen Sie die Lebensmittel dann langsam wieder ein und beobachten Sie die auftretenden Symptome.

✔ Äpfel, Artischocken, Spargel, Bananen, Schwarze Johannisbeeren, Heidelbeeren, Kohl, Blumenkohl, Sellerie, Kirschen, Chicoreé, Schnittlauch, Frühlingszwiebeln, Mais, Gurke, Löwenzahn, Fenchel, Knoblauch, Stachelbeeren, Grapefruit, Trauben, Rosinen, grüne Bohnen, Meerrettich, Wacholderbeeren, Kopfsalat, Lauch, Zitronen, Melone, Hirse, Brennnesseln, fettreicher Fisch, Zwiebeln, Steckrüben, Birnen, Paprika, Ananas, Kartoffeln, Pflaumen, Rettich, Rote Johannisbeeren, Schwarzwurzeln, Estragon, Thymian, Tomaten, Essig, Brunnenkresse. Ingwer wirkt analgetisch und unterstützt den Kreislauf. Bei Gelenkschmerzen massieren Sie die betroffene Stelle mit einer Mischung aus Ingwer-, Rosmarin- und Wacholderbeerenöl, verdünnt mit Pflanzenöl (Seite 50).

✘ Alkohol, Kaffee, erhitzte Fette und Öle, Milchprodukte, getrocknete Bohnen und Linsen, Wild, Geflügel, Erdnüsse, Fast food, rotes Fleisch, raffinierte Öle, Sauerampfer, Zucker, Tee, Weißmehl.

REZEPTE: Karotten-Kohl-Paprika-Saft (Seite 15), Kichererbsenbrühe (Seite 86), Brokkoli-Grüne-Bohnen-Saft (Seite 113), Birnen-Apfel-Aufguss (Seite 119), Kirschstiel-Sud (Seite 120), Kirschstiel-Apfel-Sud (Seite 119), Erdbeerblatt-Sud (Seite 120), Kirschblatt-Wein (Seite 123).

SEHNENSCHEIDENENTZÜNDUNG

Entzündung der Sehne und der Sehnenscheide, die die Sehne als Schutzhülle umgibt

✔ Siehe Schleimbeutelentzündung.

FIBROSITIS (WEICHTEIL-RHEUMATISMUS)

Steifheit an Rücken, Nacken und Schultern, verursacht durch zu viel Milch- und Harnsäure an den Muskelfasern

✔ Siehe Hinweise zur rheumatoiden Arthritis, Gicht und Gelenkversteifung. Massieren Sie die betroffenen Stellen mit Olivenöl, das mit Rosmarin und Wacholderbeeren versetzt wurde.

SCHLEIMBEUTELENTZÜNDUNG (BURSITIS)

Entzündung der Schleimbeutel, die die Gelenke vor Bruch schützen. Verursacht Schmerzen, Schwellungen und Einschränkung der Bewegung. Entsteht häufig in Schultern, Hüfte, Ellbogen, Knien und Fingergelenken

✔ Siehe allgemeine Erläuterungen über die Pflege von Muskeln und Gelenken. Birnen- oder Schwarze-Johannisbeerblatt-Sud ist zu empfehlen. Legen Sie mehrere frische Kohlblätter 2–3-mal täglich auf die betroffenen Stellen, um die Entzündung zu lindern.

REZEPTE: Birnen-Apfel-Sud (Seite 119).

SEHNENENTZÜNDUNG

Entzündung der Sehnen, sehr schmerzhaft

✔ Siehe Schleimbeutelentzündung.

OSTEOPOROSE

Knochenabbau durch Kalziummangel. Häufig bei Frauen nach den Wechseljahren mit vermindertem Östrogenhaushalt

! Eine kalzium- und magnesiumreiche Ernährung mit leichter Gymnastik ist notwendig, dazu ausreichend Sonnenbestrahlung.

✔ Hüttenkäse, Fischöl, Obst, Ziegenkäse, grünes Gemüse, Hartkäse wie Parmesan, fettreicher Fisch, Sojaprodukte, Tofu, Jogurt.

POLYMYALGIA RHEUMATICA

Entzündung des Bindegewebes um eine Muskelgruppe, verbunden mit Schmerzen, Steifheit und leichtem Fieber

✔ Siehe Anämie (Seite 63), Arthritis und Fibrositis.

RHEUMA

Entzündung des Muskelgewebes und der Gelenke, auch rheumatoide Arthritis

✔ Siehe Arthritis, Fibrositis und Polymyalgia rheumatica.

NERVÖSE BEINBESCHWERDEN (RESTLESS LEGS)

Brennen, Schmerzen in den Beinen und nervöse Zuckungen

! Tritt häufig bei Eisen- und Vitamin-B-Mangel auf

✔ Siehe Hinweise zu Blut und Kreislauf. Nehmen Sie Aufgüsse aus Kamille, Holunderbeeren, Ingwer, Zitronenmelisse, Lindenblüten und Rosmarin zu sich. Benutzen Sie Ingwer, Chili und Rosmarin beim Kochen.

✘ Tee, Kaffee.

REZEPTE: Zitronenmelisse-Kamillen-Aufguss (Seite 118), Holunder-Kamillen-Aufguss (Seite 118), Ingwer-Aufguss (Seite 118).

Herz und Kreislauf

Die besten Lebensmittel für Herz und Kreislauf sind Buchweizen, Chicoreé, grüne Bohnen, fetter Fisch, Hafer, Hülsenfrüchte, Ingwer, Kartoffeln, Knoblauch, Kopfsalat, Lauch, Lindenblüten, Lorbeer, Nelken, Obst, Oliven, Olivenöl, Orangen, Petersilie, Rosmarin, Schalotten, Spinat, Steckrüben, Zitronen und Zwiebeln

Während eine vernünftige Ernährung dazu beiträgt, Herz und Kreislauf bis ins hohe Alter gesund zu erhalten, kann eine mangelhafte Ernährung das Risiko erhöhen, an Bluthochdruck, Arteriosklerose oder an einem Herzinfarkt zu erkranken. Die westliche Ernährung, die besonders reich an gesättigten Fettsäuren, Zucker und Salz ist, trägt dazu bei, dass sich Fett in den Arterien ablagert. Die Arterien werden dann verstopft, es können sich Blutklümpchen bilden, das Herzinfarktrisiko steigt. Wenn Sie schon einen Herzinfarkt hatten, können Sie mit der richtigen Ernährung einen zweiten weitgehend vermeiden. Essen Sie viel fettreichen Fisch und ausreichend Ballaststoffe. Auch kaliumreiche Lebensmittel wie Gemüse, Knoblauch, Ingwer, grüne Gemüsearten und Obst helfen, den Blutdruck zu senken. Bioflavonoide sind in gelben, orangefarbenen, roten und grünen Gemüsesorten enthalten. Antioxygene sorgen dafür, dass sich kein Fett in den Arterien ablagert und das Blut nicht verklumpt. Reduzieren Sie Ihren Verbrauch an fettem roten Fleisch, besonders Schweinefleisch, an vollfetten Milchprodukten, Eiern, Zucker, Salz und Alkohol. Streichen Sie Gebratenes und Fast Food ganz von Ihrem Speiseplan. Sorgen Sie regelmäßig für Bewegung wie Schwimmen, Radfahren, Wandern oder Jogging. Sie sollten 3-mal wöchentlich mindestens eine Stunde Ihr Training absolvieren. Bei Übergewicht versuchen Sie auf eine kalorienarme Ernährung umzustellen. Wenn Sie Raucher sind, sollten Sie alles tun, um sich das Rauchen abzugewöhnen.

ARTERIOSKLEROSE

Fettdepots lagern sich in den Arterien ab und verengen sie dadurch. Aber auch der Alterungsprozess mindert die Elastizität der Arterien. Schädlich ist ebenfalls der übermässige Genuss von Zucker, Salz, Fett und Alkohol

! Nehmen Sie regelmässig die Medikamente ein, die Ihr Arzt Ihnen verschrieben hat

✔ Aprikosen, Schwarze Johannisbeeren, Heidelbeeren, Sellerie, Kirschen, Feigen, Knoblauch, Weizenkeime, Ingwer, Trauben, Zitronen, Hafer, Oliven, Ananas, Pflaumen, Salbei, Algen, Artischocken, Spargel, Kamille, Löwenzahn, Zwiebeln, Kartoffeln, Orangen, Petersilie, Rosmarin, Kürbis, Himbeeren, Frühlingszwiebeln und Schnittlauch. Essen Sie so oft wie möglich fettreichen Fisch und viel gelbes, orangefarbenes, rotes und grünes Gemüse. Bereiten Sie sich Artischocken- und Schwarze-Johannisbeer-Aufgüsse zu (Blätter und Früchte verwenden). Trinken Sie Erdbeerblatt-Aufgüsse und Heidelbeersaft.

✘ Fettes, rotes Fleisch, vollfette Milchprodukte, gebratene oder fetthaltige Lebensmittel, industriell verarbeitete Lebensmittel, Fast Food, stark zuckerhaltige Lebensmittel, Salz, Zucker, Alkohol.

REZEPTE: Kohl-Karotten-Heidelbeer-Saft (Seite 19), Kohl-Karotten-Sellerie-Saft (Seite 113), Ingwer-Aufguss (Seite 118), Erdbeerblatt-Sud (Seite 120), Gerstenwasser (Seite 120), Artischocken-Wein (Seite 123), Knoblauch-Tinktur (Seite 49).

FROSTBEULEN

Schmerzhafte Schwellungen der Haut, hervorgerufen durch Unterkühlung und mangelhafte Durchblutung

✔ Um die Hämoglobinproduktion zu erhalten, siehe auch unter Anämie. Um die Durchblutung zu verbessern, helfen folgende Lebensmittel: Schwarze Johannisbeeren, Heidelbeeren, Kohl, Karotten, Kerbel, Knoblauch, Ingwer und Rote Johannisbeeren. Essen Sie viele warme Gerichte und trinken Sie warme Tees und Aufgüsse, besonders Schwarzen-Johannisbeerblatt-Aufguss.

REZEPTE: Ingwer-Aufguss (Seite 118)

FETTSTOFFWECHSELKRANKHEIT

Zu hohe Blutfettwerte, häufig bei zu fettreicher Ernährung, bei übermässigem Alkoholgenuss, bei Rauchern und bei Bewegungsmangel

! Nehmen Sie regelmässig die Medikamente, die Ihr Arzt Ihnen verschrieben hat

✔ Siehe auch Arteriosklerose. Hilfreiche Lebensmittel sind Sellerie, Löwenzahn, Feigen, Knoblauch, Gerstenkeime, Nüsse, Hafer, fettreicher Fisch, Zwiebeln und Papaya. Trinken Sie Aufgüsse mit Artischocken und Olivenblättern. Verwenden Sie viel Olivenöl.

✘ Vermeiden Sie eine fettreiche Ernährung, außer bei Fisch.

REZEPTE: Artischocken-Wein (Seite 123), Knoblauch-Tinktur (Seite 49).

BLUTHOCHDRUCK

Bluthochdruck entsteht, wenn das Blut in den Blutgefässen nicht mehr unbehindert fliessen kann. Er wird oft begleitet von einem zu hohen Cholesterinspiegel und Arteriosklerose und tritt häufig im Alter auf, bei viel Stress und übermässigem Alkoholgenuss. Bluthochdruck erhöht das Herzinfarktrisiko

! Nehmen Sie regelmässig die Medikamente ein, die Ihr Arzt Ihnen verschrieben hat.

✔ Siehe auch Arteriosklerose. Verwenden Sie Artischocken, Spargel, Brokkoli, Sellerie, Löwenzahn, Knoblauch, Trauben, Lauch, Kopfsalat, Hafer, fettreichen Fisch, Oliven, Olivenöl, Olivenblatt-Aufguss, Zwiebeln, Granatäpfel, kaliumreiches Gemüse, Rotwein, Reis, Roggen, Sonnenblumenkerne und -öl, Tomaten. Nehmen Sie viele kaliumreiche Lebensmittel zu sich, etwa Vollkornprodukte, Nüsse und Samen. Das Gewicht zu reduzieren ist oft die wirkungsvollste Methode, den Blutdruck zu senken. Sorgen Sie für genügend Bewegung. Trinken Sie Traubensaft und Aufgüsse mit Artischocken und Olivenblättern.

✘ Vollfette Produkte, auch Milchprodukte und Weizen.

REZEPTE: Kohl-Karotten-Heidelbeer-Saft (Seite 19), Grüne-Bohnen-Knoblauch-Saft (Seite 113), Sellerie-Zwiebel-Saft (Seite 113), Gurken-Salatherz-Saft (Seite 113), Salat-Basilikum-Saft (Seite 113), Sellerie-Tomaten-Saft (Seite 112), Löwenzahn-Aufguss (Seite 117), Knoblauch-Tinktur (Seite 49).

TAGESPLÄNE BEI BLUTHOCHDRUCK

Die folgenden Tagespläne unterstützen die Gewichtsabnahme und helfen bei Stress und zu hohem Blutdruck. Sie fördern die Verdauung und regulieren den Wasserhaushalt des Körpers. Die Gerichte sind für alle geeignet, die an Problemen von Herz und Kreislauf leiden.

Menü 1

Frühstück

Ein Schälchen mit zuckerfreiem Getreidebrei mit entrahmter Milch, Jogurt, ein Glas Salat-Gurken-Knoblauchsaft oder Ananas-Apfel-Erdbeersaft.

Zwischenmahlzeiten

Trockenfrüchte, Löwenzahn-Aufguss.

Mittagessen

Linsensuppe mit Vollkornbrot, dazu ein Salat aus Fenchel, Radiccio und Oliven, mit Olivenöl und Zitronensaft, Fisch mit Kartoffeln, ein Stück Obst.

Abendessen

Gedünstetes Gemüse mit Ingwer und Knoblauch, Nudeln (links), ein Glas Artischocken-Wein (Seite 123).

Menü 2

Frühstück

Haferbrei, Trauben- oder Apfelsaft.

Zwischenmahlzeiten

Trockenfrüchte, Löwenzahn-Aufguss.

Mittagessen

Lauch-Kartoffelsuppe, Hüttenkäse, geräucherter Lachs, Vollkornbrot, ein Stück Obst.

Abendessen

Gemischter Salat, Vollkornbrot, Kamillen- oder Johannisbeer-Aufguss.

ANGINA PECTORIS

Druck oder Schmerz in der Herzgegend aufgrund schlechter Blutversorgung der Herzgefässe. Hauptgrund sind verstopfte Arterien. Auslöser sind Stress oder Anstrengung

! Nehmen Sie regelmässig die Medikamente ein, die Ihr Arzt verschrieben hat. Bei Schmerzen, die auch bei Ruhe nicht besser werden, sofort Notarzt rufen!

✔ Siehe Arteriosklerose, Bluthochdruck und Stress (Seite 77). Essen Sie jeden Tag eine kleine Menge fettreichen Fisch. Nehmen Sie vermehrt magnesiumreiche Lebensmittel in Ihren Speiseplan auf, etwa Vollkornprodukte, Nüsse und Samen. Bereiten Sie sich Aufgüsse mit Olivenblättern und Lindenblüten zu.

✘ Fettes, rotes Fleisch, vollfette Milchprodukte, Butter, Sahne, Käse der Doppelrahmstufe, Eier, Zucker, Salz und Alkohol. Meiden Sie Gebratenes und Fast Food.

REZEPTE: Grüne-Bohnen-Knoblauch-Saft (Seite 113), Brokkoli-Grüne-Bohnen-Saft (Seite 113), Sellerie-Zwiebel-Saft (Seite 113), Zitronenmelisse-Kamillen-Aufguss (Seite 118), Ingwer-Aufguss (Seite 118), Knoblauch-Tinktur (Seite 49).

ANÄMIE

Eisenmangel im Blut, verursacht durch zu wenig eisenhaltige Lebensmittel oder bei starkem Blutverlust. Eisenmangel entsteht oft bei sehr starker Menstruation. Anämie kann auch entstehen, wenn der Körper kein Vitamin B_{12} aufnehmen kann

✔ Essen Sie eisenhaltige Lebensmittel wie getrocknete Aprikosen, Rote Bete, Brombeeren, Schwarze Johannisbeeren, Brokkoli, Karotten, Kerbel, Esskastanien, Löwenzahn, frisches Obst, Gemüsesäfte, Grüne Bohnen, Kopfsalat, Brennnesseln, Petersilie, Pflaumen, Gelee Royal, Spinat und Brunnenkresse. Eine gute Quelle für den Vitamin-B-Komplex sind mageres, rotes Fleisch, Melasse (Zuckersirup) und Hefeextrakt. Wenn Sie Vegetarier sind, sollten Sie täglich eine Tablette Vitamin B_{12} als Nahrungsergänzung einnehmen. Trinken Sie viel frischen Frucht- und Gemüsesaft, besonders Brombeeren, Kirschen, Trauben, Spinat und Fenchel.

REZEPTE: Brennnessel-Suppe (Seite 88), Kohl-Karotten-Sellerie-Saft (Seite 113), Grüne-Bohnen-Knoblauch-Saft (Seite 113), Brokkoli-Grüne-Bohnen-Saft (Seite 113), Sellerie-Zwiebel-Saft (Seite 113), Fenchel-Aufguss (Seite 117), Fenchelsamen-Sud (Seite 120) Schwarzer-Johannisbeer-Wein (Seite 121).

THROMBOSE

Bildung von Blutklümpchen in den Blutgefässen oder im Herzen, die die Blutzirkulation behindern

! Nehmen Sie regelmässig die Medikamente, die Ihr Arzt Ihnen verschrieben hat

✔ Borretschöl, Buchweizen, Kamille, Knoblauch, Zitronen, Lindenblüten, fettreicher Fisch, Olivenöl, Orangen, Ananas, Kürbis, Himbeeren, Erdbeeren, Estragon. Essen Sie viel fettreichen Fisch.

✘ Alkohol, Tabak.

REZEPTE: Erdbeer-Himbeer-Saft (Seite 112), Grüne-Bohnen-Knoblauch-Saft (Seite 113), Sellerie-Zwiebel-Saft (Seite 113), Erdbeerblatt-Sud (Seite 120), Knoblauch-Tinktur (Seite 49).

HERZRHYTHMUSSTÖRUNGEN

Unregelmässiges Herzklopfen nach Strapazen, bei Stress oder anderen Herzerkrankungen

! Nehmen Sie regelmäßig die Medikamente, die Ihr Arzt Ihnen verschrieben hat

✔ Buchweizen, Chicoreé, Nelken, Knoblauch, Gerstenkeime, Grüne Bohnen, Lauch, Zitronen, Zitronenmelisse, Kopfsalat, Lindenblüten, Minze, Petersilie, Steckrüben, Passionsfrüchte, Hafer, Olivenblatt-Aufguss, Olivenöl, Zwiebeln, Rosmarin, Schalotten, Estragon, Baldrian.

✘ Alkohol, Kaffee, Tee, Tabak.

Rezepte: Grüne-Bohnen-Knoblauch-Saft (Seite 113), Sellerie-Zwiebel-Saft (Seite 113), Salat-Basilikumsaft (Seite 113), Zitronenmelisse-Kamillen-Aufguss (Seite 118), Gerstenwasser (Seite 120).

RAYNAUD-KRANKHEIT

Eine Störung im Blutkreislauf in den Händen und Füssen. Finger und Zehen krampfen und laufen weiss an, werden kalt. Wangen, Ohren und Nase können auch betroffen sein

✔ Siehe auch Anämie. Hilfreich sind Brombeeren, Schwarze Johannisbeeren, schwarzer Pfeffer, Heidelbeeren, Kohl, Karotten, Cayenne-Pfeffer, Kerbel, Zimt, Knoblauch, Ingwer und Rote Johannisbeeren. Verzehren Sie ausreichend warme Speisen und Getränke. Essen Sie magnesiumreiche Lebensmittel wie Vollkornprodukte, Nüsse und Samen. Trinken Sie Aufgüsse aus Brombeerblättern.

REZEPTE: Ingwer-Aufguss (Seite 118).

Verdauungssystem

Hilfreiche Lebensmittel für das Verdauungssystem sind alle Gemüsesorten mit Bitterstoffen, Ananas, Artischocken, Basilikum, Heidelbeeren, Brunnenkresse, Chicoreé, Feigen, Fenchel, Gerstenkeime, Grapefruit, Ingwer, Karotten, Kerbel, Knoblauch, Kopfsalat, Löwenzahn, Muskatnuss, Olivenöl, Papaya, Petersilie, Quitten, Rettich, Rosmarin, Schwarze Johannisbeeren, Thymian, Wacholderbeeren, Zitronen und Zucchini

Zum Verdauungssystem gehören Mund, Speiseröhre, Magen, Leber, Bauchspeicheldrüse, Gallenblase, Dick- und Dünndarm. Eine fett- und zuckerreiche Ernährung, der übermäßige Genuss von Alkohol, kohlensäurehaltigen Getränken, stark gewürzten Speisen und Tabak ist eine Überanstrengung für das gesamte Verdauungssystem. Die Verdauungsorgane reagieren außerdem sehr empfindsam auf Stress und Gefühlsschwankungen. Wenn Sie an Verdauungsstörungen oder anderen chronischen Erkrankungen leiden, sollten Sie Stress soweit wie möglich vermeiden. Viele Erkrankungen des Verdauungssystems lassen sich schon kurieren, in dem Alkohol, Kaffee, scharfe Gewürze, Salz und vollfette Produkte wie Käse, Sahne und Butter gemieden werden. Auch industriell vorgefertigte Gerichte und Fast Food sollte in diesem Fall vom Speiseplan gestrichen werden. Mehrere kleinere Mahlzeiten regelmäßig über den Tag verteilt wirken ebenfalls heilend. Nehmen Sie den größten Teil der Nahrung am Morgen zu sich. Am Abend sollten Sie nur noch wenig und leicht Verdauliches verzehren. Es ist ratsam 2–3-mal im Jahr für 2–3 Wochen eine weizen- und milchfreie Zeit einzulegen. Sie können aber auch unserem Entgiftungsprogramm folgen (siehe Seite 128–131). Erhöhen Sie den Anteil an faserreichem frischen Gemüse, das ist gesünder, als den Getreideanteil zu erhöhen. Verwenden Sie in der Küche viele Kräuter und Gewürze wie Basilikum, Knoblauch, Ingwer, Wacholder, Rosmarin und Thymian. Diese Kräuter haben natürliche antibakterielle Wirkstoffe und fördern die Verdauung. Wohltuend für Magen und Darm sind Kohl, Karotten, Zucchini, Kopfsalat, Fenchel, Heidelbeeren, Feigen, Papaya und Ananas. Bei Verdauungsstörungen hilft gekeimte Gerste. Um eine gute Verdauung zu gewährleisten, muss die Leber gut funktionieren. Unterstützend auf die Leber und regulierend auf den Gallenfluss wirken alle bitteren grünen Gemüse, Artischocken, Schwarze Johannisbeeren und -blätter, Rettich, Kerbel, Chicoreé, Löwenzahn, Grapefruit, Zitronen, Olivenöl, Petersilie, Quitten und Brunnenkresse.

GASTRITIS (MAGENSCHLEIMHAUTENTZÜNDUNG)

Entzündung der Mageninnenwände, verbunden mit Symptomen wie bei Verdauungsstörungen

✔ Siehe Sodbrennen, Verdauungsstörungen und Allgemeines zum Verdauungssystem. Fasten Sie 20 Stunden und trinken Sie nur Gerstenwasser oder Reiskochwasser (siehe Seite 27). Danach milde Lebensmittel verzehren wie Bananen, Gerste, Kohl, Karotten, Zucchini, Fenchel, Feigen, Jerusalem-Artischocke, Kartoffeln, Kürbis, Quitten, Reis und Wassermelone. Trinken Sie frischen Karotten-, Kohl- oder Zucchinisaft und Anis-, Dill-, Fenchel- oder Minze-Aufgüsse.

REZEPTE: Kohl-Karotten-Sellerie-Saft (Seite 113), Salat-Basilikum-Saft (Seite 113), Koriandersamen-Aufguss (Seite 119), Dillsamen-Sud (Seite 120), Fenchelsamen-Sud (Seite 120).

KOLIKEN

Siehe Unterleibskrämpfe und Koliken, Verstopfung und Verdauungsstörungen

CROHN-KRANKHEIT

Eine Form der Kolitis mit Ödemen. Entzündung des Darms, verbunden mit Krämpfen, Durchfall, Gewichtsverlust und gelegentlich mit Gelenkschmerzen

! Nehmen Sie Ihre Medikamente regelmässig ein

✔ Siehe Verdauungssystem. Heilend wirken Mandeln, Heidelbeeren, Kohl, Karotten, Zucchini, Feigen, Ingwer, Grapefruit, Minze, Pfirsiche, Kürbis, Blütenpollen, Quitten, Estragon. Anissamen- oder Minze-Aufguss oder Fencheltee helfen ebenfalls.

✘ Keine Milchprodukte, außer Biogurt, und keine Guavensamen.

REZEPTE: Kohl-Karotten-Heidelbeer-Saft (Seite 19), Mandelmilch (Seite 71), Kohl-Karotten-Sellerie-Saft (Seite 113), Fenchel-Aufguss (Seite 117), Koriandersamen-Aufguss (Seite 119) Anis-Likör (Anisette) (Seite 122), Quitten-Likör (Seite 123).

HEPATITIS (A, B ODER C)

Chronische oder akute Virusinfektion der Leber mit Müdigkeit, Verdauungsschwäche, Gelbsucht und Appetitlosigkeit

! Befolgen Sie die Anweisungen Ihres Arztes

✔ Günstig sind alle Bitterstoffe, Äpfel, Artischocken, Spargel, Rettich, Heidelbeeren, Kohl, Sellerie, Mangold, Kerbel, Chicoreé, Löwenzahn, Grapefruit, Grüne Bohnen, Meerrettich, Zitronen, Oliven, Olivenöl, Petersilie. Trinken Sie frischen Salatsaft, Pfefferminztee oder etwas Olivenöl mit Zitrone (siehe Seite 28).

✘ Meiden Sie Alkohol, fetthaltige Lebensmittel, Fleisch und Tabak.

REZEPTE: Löwenzahn-Aufguss (Seite 117).

UNTERLEIBSSCHMERZEN

Plötzlicher Schmerz im Unterleib, geschwollener Leib, mit oder ohne Durchfall und Erbrechen

! Wenn Sie sich nicht sicher sind, rufen Sie einen Arzt

TAGESPLÄNE ZUR VERDAUUNGSFÖRDERUNG

Diese Tagespläne eignen sich für alle, die kleinere Verdauungsprobleme haben wie Verdauungsschwäche, Verstopfung, Völlegefühl oder Blähungen.

Menü 1

Frühstück

Haferbrei mit Jogurt, Karotten-Kohl-Paprikasaft oder Schwarze-Johannisbeere-Heidelbeer-Brombeersaft oder Ananas-Apfel-Erdbeersaft

Zwischenmahlzeiten

Trockenfrüchte, Heidelbeeren, Ananas, Papaya, Löwenzahn-Aufguss oder Zichorienkaffee, Fenchel-, Ingwer- und Basilikum-Aufguss oder einen Zitronenmelisse-Aufguss.

Mittagessen

Fisch oder Huhn mit Kartoffeln und Kräutersoße oder Buchweizen mit Lauch oder Taboulé mit gegrillten Lammkoteletts und Karotten-Orangen-Salat, gebackener Rhabarber mit Ingwer.

Abendessen

Bohnensuppe oder Kräuterbrühe mit Gerste, Obstsalat, Kamillen-Aufguss, ein Glas Basilikumlikör oder 1 Teelöffel Anislikör verdünnt mit Wasser.

Menü 2

Frühstück

Eine Schüssel Reis oder Cornflakes mit Sojamilch oder einem herbstlichen Kompott, Fruchtsaft (Trauben-, Apfel- oder Heidelbeersaft), eine halbe Grapefruit, eine Banane oder eine Kiwi

Zwischenmahlzeiten

Trockenfrüchte, Rosinen, Papaya, Ananas oder Heidelbeeren. Ein Löwenzahn-Aufguss oder Zichorienkaffee, Fenchel, Ingwer oder einen Kreuzkümmel-Aufguss

Mittagessen

Gegrillter Lachs mit Honig und Ingwer, gedünstetes Gemüse, Kürbis in Sirup

Abendessen

Römische Artischocken oder Rote-Linsen-Suppe, gekochte Birnen mit Kräutern, ein Glas Kamillen-Zitronenwein.

DICKDARMKATARRH (KOLITIS)

Siehe Unterleibsschmerzen, Darmgeschwüre

DURCHFALL

Häufiger dünnflüssiger Stuhl durch Parasiten, Bakterien, Viren, Lebensmittelunverträglichkeit, Stress oder Genussgifte

! Durchfall kann zur Austrocknung führen. Suchen Sie den Arzt auf, wenn er länger andauert

✔ Günstig wirken Gerste, Brombeeren, Heidelbeeren, gekochte Karotten, gekochter Reis, Saubohnen, Kohl, Kamille, Kardamom, Chili, Schnittlauch, Nelken, Apfelkompott, Honig, Litschi, Brennnesseln, Muskatnuss, Zwiebeln, Birnen, Pfefferkörner, Paprika, Quitten, Rosmarin, Bohnenkraut, Erdbeeren, Walnüsse. Trinken Sie frischen Brombeer-, Heidelbeer- oder Karottensaft und Fenchelsamen-Sud oder Reiskochwasser.

REZEPTE: Fenchel-Aufguss (Seite 117), Fenchelsamen-Sud (Seite 120), Quitten-Likör (Seite 123), Brombeer-Sirup (Seite 125), Heidelbeer-Tinktur (Seite 34).

BLÄHUNGEN

Siehe Völlegefühl und Blähungen

GALLENBLASENENTZÜNDUNG

Eine akute oder chronische Entzündung der Gallenblase, meist durch Gallensteine verursacht oder durch eine Infektion. Schmerzen auf der rechten Seite des Unterleibs und zwischen den Schultern. Zusätzlich Schwierigkeiten bei der Fettverdauung und Brechreiz bei fettem Essen

! Akute Schmerzen können recht gefährlich werden. Suchen Sie so bald wie möglich Ihren Arzt auf

✔ Bitteres Gemüse, Löwenzahn, frisches Obst und Gemüse, Haselnüsse. Benutzen Sie in der Küche viel Rosmarin. Trinken Sie jeden Morgen ein wenig Olivenöl mit Zitronensaft (siehe Seite 28), danach Rettich-Karottensaft (siehe unten). Aufgüsse mit Artischockenblättern, Zitronen, Zitronenschale oder Rosmarin haben eine heilende Wirkung, ebenso frischer Kirschsaft.

✘ Kuchen und andere raffinierte Produkte mit viel Kohlenhydraten, fettreiche Lebensmittel, Rhabarber.

REZEPTE: Kirsch-Himbeer-Saft (Seite 112), Kirsch-Apfel-Saft (Seite 112), Rettich-Karotten-Saft (Seite 113), Löwenzahn-Aufguss (Seite 117), Artischocken-Wein (Seite 123), Zitronen-Likör (Seite 122), Artischocken-Tinktur (Seite 124).

VERSTOPFUNG

Verzögerung beim Transport des Stuhls im Darmsystem, harter Stuhlgang

! Starke Abführmittel sollten unbedingt vermieden werden. Faserreiche Kost und der Verzehr von rohen Früchten und Gemüsen hilft in den meisten Fällen

✔ Alle grünen Blattgemüse, Äpfel, Spargel, Rosenkohl, Kerbel, Kokosnuss, gekochter Rhabarber, Gurke, Holunderbeeren, Feigen, Grapefruit, Haselnüsse, Jerusalem-Artischocke, Kumquat, Lauch, Biogurt, Melone, Senf, Oliven, Orangen, Pfirsiche, Erbsen, Dattelpflaume, Granatapfel, Pflaumen, Himbeeren, roh geriebener Apfel, Rote Johannisbeeren, Sauerampfer, Erdbeeren, Steckrüben, Tomaten, Wassermelone. Trinken Sie viel Wasser und frischen Apfel-, Melonen-, Pflaumen- oder Tomatensaft. Sie können den Saft auch mit Biogurt mischen. Trinken Sie jeden Morgen etwas Olivenöl mit Zitronensaft (Seite 28) und essen Sie einige Feigen in Milch gekocht (Seite 30).

✘ Guavenkerne vermeiden. Wenn Sie viel Weizenprodukte zu sich nehmen, besteht die Gefahr einer Allergie. Streichen Sie den Weizen aus Ihrer Ernährung.

REZEPTE: Mandelmilch (Seite 71), Rhabarber-Ingwer-Kuchen (Seite 107), Apfel-Himbeer-Saft (Seite 111), Pflaumensaft (Seite 112), Gurken-Salatherz-Saft (Seite 113), Sellerie-Tomaten-Saft (Seite 112), Holunderbeer-Sirup (Seite 125).

RUHR

Siehe Unterleibsschmerzen, Durchfall

✘ Kürbisse sind zu meiden.

SODBRENNEN

Verdauungsstörung, oft bedingt durch zu viel und zu süsses Essen, Alkohol und Stress

✔ Heilsam wirken Anis, Äpfel, Bananen, Gerste, Lorbeerblätter, Karotten, Esskastanien, Chili, Koriander, Zucchini, Fenchel, Feigen, Grapefruit, Guaven (ohne Kerne), Jerusalem-Artischocke, Zitronen, Kopfsalat, Melone, Orangen, Pfirsiche, Erdnüsse, Pfefferkörner, Paprika, Dattelpflaumen, Ananas, Kartoffeln, Kürbis, Quitten, Rettich, Rauke und Safran.

✘ Vermeiden Sie Alkohol, Kaffee, fetthaltiges Essen, Tee. Essen Sie nicht spät abends.

REZEPTE: Zitronenmelisse-Kamillen-Aufguss (Seite 118), Koriandersamen-Aufguss (Seite 119), Fenchelsamen-Sud (Seite 120), Anis-Likör (Anisette) (Seite 122), Anissamen-Tinktur (Seite 124).

UNTERLEIBSKRÄMPFE UND KOLIKEN

Symptome sind Blähungen, Verstopfung und nervöse Darmbeschwerden

✔ Siehe allgemeine Hinweise zum Verdauungssystem. Trinken Sie Aufgüsse von Anissamen, Basilikum, Lorbeerblättern, Kamille, Koriander, Kreuzkümmelsamen, Dill, Fenchelsamen, Ingwer, Zitronenmelisse, Litschisamen, Majoran, Minze, Oregano, Estragon. Heidelbeeren, Gurken, Karotten und Knoblauch wirken heilend und entzündungshemmend.

REZEPTE: Kohl-Karotten-Heidelbeer-Saft (Seite 19), Heidelbeer-Sirup (Seite 35), Gurken-Salatherz-Saft (Seite 113), Fenchel-Aufguss (Seite 117), Zitronenmelisse-Kamillen-Aufguss (Seite 118), Litschisamen-Sud (Seite 120), Dillsamen-Sud (Seite 120), Fenchelsamen-Sud (Seite 120), Kreuzkümmelsamen-Sud (Seite 120), Kamillen-Zitronen-Wein (Seite 123), Anis-Likör (Amisette) (Seite 122), Basilikum-Likör (Seite 123).

ZAHNFLEISCHENTZÜNDUNG

Infektion des Zahnfleisches, Zahnfleischbluten, verursacht durch Bakterien oder Vitaminmangel

! Putzen Sie regelmässig gründlich Zähne und Zahnfleisch

✔ Kauen Sie Zitronenschalen, Nelken, Heidelbeeren oder Feigen. Geben Sie einen Esslöffel Salz und zwei Tropfen Zitronenöl in einen starken Thymian-Aufguss. Gurgeln Sie damit. Ein starker Salbei-Sud mit einem Teelöffel Zitronensaft oder Feigenwasser (siehe Seite 30) ist ebenfalls gut zum Gurgeln.

✘ Meiden Sie zuckerhaltige Speisen.

BLÄHUNGEN

Siehe Völlegefühl und Blähungen

FETTLEIBIGKEIT

Extremes Übergewicht führt zu weiteren Erkrankungen. Grund ist oft übermässiges Essen mit Bewegungsmangel, ein langsamer Stoffwechsel oder eine Störung der Schilddrüse

! Sie können nur abnehmen, wenn Sie sich kalorienarm ernähren, weniger essen und sich gleichzeitig mehr bewegen

✔ Essen Sie viel faserreiche, kalorienarme Lebensmittel wie grünes Gemüse, Kartoffeln und Hülsenfrüchte.

✘ Lassen Sie zeitweise Milchprodukte und Weizen weg. Siehe Vier-Wochen-Entgiftungsprogramm (Seite 128–131).

MAGENGESCHWÜRE

Teile des Magens oder des Zwölffingerdarms entzünden sich, die Schleimhaut wird zerstört. Brennender, nagender Schmerz im Bauch oder in der Brust, Verdauungsstörungen, Brechreiz und Erbrechen

! Nehmen Sie Ihre Medikamente regelmässig ein. Starker Schmerz und Blut im Erbrochenen zeigt, dass das Geschwür aufgebrochen ist. Sofort zum Arzt und Rauchen aufgeben!

✔ Wohltuend sind Äpfel, Bananen, Kohl, Karotten, Fenchel, Feigen, Kopfsalat, Kartoffeln, Quitten, Reis, Gerste. Essen Sie nur kleine Mengen. Trinken Sie Kartoffelsaft (Seite 12) gemischt mit frischem Karottensaft.

✘ Säurehaltige Speisen, Fett, scharfe Gewürze, Alkohol, Kaffee und Tee meiden.

REZEPTE: Kohl-Karotten-Heidelbeersaft (Seite 19), Fenchel-Aufguss (Seite 117), Koriandersamen-Aufguss (Seite 119), Fenchelsamen-Sud (Seite 120), Anissamen-Tinktur (Seite 124).

GERSTE-FRÜCHTE-BREI

Dieses Rezept von Hanne Glasse, 1747 erstmals veröffentlicht, regt ein träges Verdauungssystem an.

- 50 g gekeimte Gerste
- 1 Liter Wasser (oder Wasser und Milch zu gleichen Teilen)
- 25 g Rosinen
- 25 g getrocknete Schwarze Johannisbeeren oder Heidelbeeren
- Eine Prise Muskatnuss
- 2 Esslöffel brauner Zucker
- 50 ml Weißwein oder ein kleiner Schnaps
- 2 Eigelb (nach Wunsch)

Kochen Sie die Gerste mit den Rosinen, den Johannisbeeren und der Muskatnuss, bis sie weich ist. Nehmen Sie den Topf vom Herd, und geben Sie den Zucker und den Weißwein hinzu. Auf kleiner Flamme 2 Minuten köcheln. Nehmen Sie den Topf wieder vom Herd, und rühren Sie jetzt das Eigelb unter den Brei.

VERDAUUNGSSTÖRUNGEN

Verschiedene Symptome wie Brechreiz, Erbrechen, Sodbrennen, Aufstossen, häufig bei zu fettreicher Ernährung oder übermässigem Alkoholgenuss

✔ Trinken Sie Wasser, Aufgüsse, einen Sud oder eine Tinktur. Essen Sie so wenig wie möglich, bis die Symptome abklingen.

REZEPTE: Knoblauch-Salbei-Suppe (Seite 49), Kräuterbrühe (Seite 86), Fenchel-Aufguss (Seite 117), Zitronenmelisse-Kamillen-Aufguss (Seite 118), Koriandersamen-Aufguss (Seite 119), Ingwer-Aufguss (Seite 118), Fenchelsamen-Sud (Seite 120), Anissamen-Tinktur (Seite 124).

DIABETES MELLITUS

Chronischer Mangel an Insulin, mangelhafte Insulinproduktion. Führt zu starken Stoffwechselstörungen

! Nehmen Sie vom Arzt verschriebene Medikamente regelmässig ein

✔ Wirksame Lebensmittel sind Artischocken, Bohnen, Heidelbeeren, Vollkornbrot, Nudeln, Vollkornmehl, Kohl, Schnittlauch, Frühlingszwiebeln, Zitrusfrüchte, frisches Obst, Knoblauch, Jerusalem-Artischocke, Nüsse, Hafer, Oliven, Zwiebeln, Kartoffeln, Hülsenfrüchte, Kürbis, Schwarzwurzeln, Schalotten, Reis und Vollkornprodukte. Trinken Sie frischen Heidelbeer-Kohl-Selleriesaft oder Zitrusfruchtsaft mit Heidelbeersaft oder einen Aufguss mit Heidelbeerblättern oder Wacholder.

✘ Vermeiden Sie übermäßigen Genuss von tierischen Fetten. Fragen Sie den Arzt, ob Sie Bananen essen dürfen.

REZEPTE: Heidelbeer-Tinktur (Seite 34), Kohl-Karotten-Sellerie-Saft (Seite 113), Rote-Bete-Sellerie-Saft (Seite 113), Holunderbeer-Wein (Seite 123).

ÜBELKEIT UND ERBRECHEN

Kann eine Verdauungsstörung sein, aber auch das Symptom einer anderen Erkrankung

! Falls es länger anhält, gehen Sie zum Arzt. Wenn Sie unsicher sind oder Blut im Erbrochenen finden, gehen Sie sofort zum Arzt.

✔ Siehe Gallenblasenentzündung, Gastritis, Kater, Verdauungsstörungen und Migräne (Seite 76). Verwenden Sie Anis, Fenchel, Ingwer und Minze. Essen Sie nur leichte Gerichte.

REZEPTE: Ingwer-Aufguss (Seite 118), Fenchelsamen-Sud (Seite 120), Basilikum-Likör (Seite 123).

VÖLLEGEFÜHL UND BLÄHUNGEN

Aufgeblähter Unterleib, Unwohlsein, Schmerzen bei der Verdauung, zu viel Hefepilze im Darm, Bakterien oder Stress

✔ Heilsam wirken Anis, Brombeeren, Heidelbeeren, Karotten, Chili, Knoblauch, Kopfsalat, Majoran, Oregano, Pfeffer und Bohnenkraut. Benutzen Sie viel Lorbeerblätter, Nelken, Koriander, Kümmelsamen, Fenchel, Wacholder und Rosmarin in der Küche. Trinken Sie frischen Brombeer-, Heidelbeer-, Salat- und Knoblauchsaft, außerdem Aufgüsse mit Anissamen, Kamille, Kümmel, Dill oder Fenchel.

✘ Vermeiden Sie Alkohol und Lebensmittel wie Brot, fermentierte Lebensmittel, Mehlprodukte, Hülsenfrüchte und Zucker.

REZEPTE: Salat-Basilikum-Saft (Seite 113), Dillsamen-Sud (Seite 120), Fenchelsamen-Sud (Seite 120), Kreuzkümmelsamen-Sud (Seite 120).

GALLENSTEINE

Siehe Gallenblasenentzündung

MUNDGERUCH

Mundgeruch entsteht durch Bakterien im Rachenraum oder durch Verdauungsstörungen

✔ Siehe Zahnfleischentzündung. Verwenden Sie Muskatnuss, trinken Sie einen Sud mit Kardamomsamen.

GASTROENTERITIS (BAKTERIELLE LEBENSMITTELVERGIFTUNG)

Entzündung im Verdauungstrakt durch Mikroorganismen, verbunden mit Erbrechen, Durchfall, Unterleibsschmerzen und Fieber

! Nehmen Sie 24 Stunden lang nichts zu sich, ausser kleine Mengen Ingwer-, Fenchel- oder Pfefferminztee oder Aufgüsse mit Thymian, Wacholder oder Basilikum

✔ Beginnen Sie mit leichten Lebensmitteln, geben Sie an die Gerichte Knoblauch, Basilikum, Wacholderbeeren, Majoran, Minze, Rosmarin und Thymian, um die Infektion zu lindern. Wirksam sind auch Heidelbeeren, gekochte Karotten, Kichererbsen, Schnittlauch, Frühlingszwiebeln, Zucchini, Kopfsalat, Kürbis, Quitten, Dattelpflaumen und Brunnenkresse.

REZEPTE: Knoblauch-Salbei-Suppe (Seite 49), Mandelmilch (Seite 71), Kräuterbrühe (Seite 86), Ingwer-Aufguss (Seite 118), Fenchelsamen-Sud (Seite 120), Gerstenwasser (Seite 120), Basilikum-Likör (Seite 123).

DICKDARMGESCHWÜRE

Chronische Entzündung des unteren Dickdarms, mit Geschwüren, Leibschmerzen, blutigem, schleimigem Durchfall

! Nehmen Sie Ihre Medikamente regelmässig ein

✔ Siehe Anämie. Wohltuend sind Gerste, Rote Bete, Brombeeren, Heidelbeeren, Saubohnen, Kohl, Karotten, Blumenkohl, Getreide, Apfelkompott, Zucchini, Gurke, Löwenzahn, frisches Obst und Gemüse, Knoblauch, Stachelbeeren, Kopfsalat, Litschi, Mango, Brennnessel, fettreicher Fisch, Birnen, Dattelpflaume, Kartoffeln, Quitten, Rosmarin und Erdbeeren. Essen Sie faserreich und wenig Fleisch.

✘ Meiden Sie Alkohol, Milchprodukte, Guavenkerne, Tabak.

REZEPTE: Mandelmilch (unten), Mangosaft (Seite 112), Kohl-Karotten-Heidelbeer-Saft (Seite 19), Fenchel-Aufguss (Seite 117), Zitronenmelisse-Kamillen-Aufguss (Seite 118), Holunder-Kamillen-Aufguss (Seite 118), Fenchelsamen-Sud (Seite 120).

DARMINFEKTION UND PARASITEN

Siehe Gastroenteritis

LEBENSMITTELVERGIFTUNG

Siehe Gastroenteritis (bakterielle Lebensmittelvergiftung), Brechreiz und Erbrechen

MANDELMILCH

Hilft bei Verstopfung, Crohn-Krankheit, Gastroenteritis, nervösen Unterleibsbeschwerden und Darmgeschwüren. Sie wirkt leicht abführend, für Kinder geeignet und hilft bei Husten und Bronchitis (Seite 72).

100 g Mandeln
1 Esslöffel Wasser
50 g Honig
1 Liter Wasser
2 Esslöffel Orangenblütenwasser

Pürieren Sie die Mandeln und den Esslöffel Wasser im Mixer zu einer Paste. Honig zufügen und mit 1 Liter Wasser verdünnen. Abseihen und Orangenblütenwasser hinzu fügen. Täglich 3-mal 3 Esslöffel nehmen.

DIVERTIKULITIS

Wandausstülpungen im Darm, die sich entzünden, verbunden mit Schmerzen, Blähungen, Durchfall oder Verstopfung

✔ Günstig sind faserreiche Lebensmittel wie Äpfel, Bohnen, Brombeeren, Heidelbeeren, Vollkornbrot, Naturreis, Rosenkohl, Kohl, Esskastanien, Kichererbsen, Trockenfrüchte, Grapefruit, grüne Gemüse, Jerusalem-Artischocke, Linsen, Melone, Orangen, Pastinaken, Erbsen, Haferbrei, Kartoffeln und Steckrüben. Da einige dieser Lebensmittel Gase im Darm bilden, sollten Sie beim Kochen viel frische Kräuter und Knoblauch einsetzen.

✘ Guavenkerne meiden.

REZEPTE: Knoblauch-Salbei-Suppe (Seite 49), Kohl-Karotten-Heidelbeer-Saft (Seite 19), Gurken-Salatherz-Saft (Seite 113), Fenchel-Aufguss (Seite 117), Zitronenmelisse-Kamillen-Aufguss (Seite 118), Dillsamen-Sud (Seite120), Fenchelsamen-Sud (Seite 120), Kreuzkümmelsamen-Sud (Seite 120), Anis-Likör (Anisette) (Seite 122).

KATER (KATZENJAMMER)

Nach übermässigem Alkoholgenuss, verbunden mit Kopfweh, Brechreiz, Verdauungsschwäche

✔ Siehe Verdauungsstörungen. Trinken Sie viel Wasser.

REZEPTE: Knoblauch-Salbei-Suppe (Seite 49), Löwenzahn-Aufguss (Seite 117), Fenchel-Aufguss (Seite 117), Ingwer-Aufguss (Seite 118).

NERVÖSE UNTERLEIBSBESCHWERDEN

Krampfartige Schmerzen, Verstopfung und Durchfall im Wechsel, Krämpfe. Oft bei Stress, psychischen Problemen und Veränderungen im Alltag

! Lassen Sie für zwei Wochen alle Milchprodukte und Weizen weg. Dann führen Sie Weizen wieder ein, später die Milchprodukte. Falls es schlimmer wird, verzichten Sie ganz auf diese Lebensmittel

✔ Wirksam sind Mandelmilch, Gerste, Heidelbeeren, Kamille, Karotten, Koriander, Zucchini, gekeimte Hülsenfrüchte, Ingwer, Melone, Minze, Dattelpflaume, Kartoffeln, Quitten, Kürbis, Reis, Rosmarin, Estragon. Trinken Sie Petersiliensamen- oder Minze-Aufguss.

✘ Meiden Sie zeitweise Milchprodukte und Weizen.

REZEPTE: Mandelmilch (links), Fenchel-Aufguss (Seite 117), Dillsamen-Sud (Seite 120), Fenchelsamen-Sud (Seite 120), Anis-Likör (Anisette) (Seite 122), Basilikum-Likör (Seite 123).

Atemwegssystem

GUTE LEBENSMITTEL FÜR DAS ATEMWEGSSYSTEM SIND BASILIKUM, BOHNENKRAUT, BRUNNENKRESSE, FRÜHLINGSZWIEBELN, INGWER, KERBEL, KNOBLAUCH, MAJORAN, MINZE, PETERSILIE, RETTICH, ROSMARIN, SCHNITTLAUCH, SALAT UND THYMIAN

Probleme mit der Lunge, begleitet mit Schleimbildung, kommen nicht selten vor. Schleim ist an sich normal und fördernd, er schmiert die Lunge. Besteht jedoch eine Allergie, eine Virus- oder Bakterieninfektion, oder wird ein Giftstoff eingeatmet, kommt es zur vermehrten Schleimbildung. Gefährlich für die Atemwege ist auch Tabakrauch. Wenn Sie Atemwegsprobleme haben und rauchen, müssen Sie dies sofort einstellen. Lange Spaziergänge an frischer Luft sind ideal. Meiden Sie schleimfördernde Lebensmittel wie Weizen, Milchprodukte, nutzen Sie Kräuter wie Basilikum, Schnittlauch, Knoblauch, Ingwer, Majoran, Minze, Rosmarin, Bohnenkraut und Thymian. Trinken Sie viel frischen Saft, er ist reich an Zink und Vitamin C und stärkt das Immunsystem.

KEUCHHUSTEN

HOCHANSTECKENDE, BAKTERIELLE INFEKTION, KRAMPFARTIGER HUSTEN, ÜBERWIEGEND BEI KINDERN

! SOFORT ANTIBIOTIKA NEHMEN

✔ Siehe Asthma, Bronchitis, Immunsystem. Nehmen Sie eine Mischung von Zitronensaft und Honig ein.

REZEPTE: Mandelmilch (Seite 71), Majoran-Aufguss (Seite 117), Zitronenmelisse-Kamillen-Aufguss (Seite 118), Holunder-Kamillen-Aufguss (Seite 118), Lauch-Sirup (Seite 124), Rettich-Sirup (Seite 124).

MANDELENTZÜNDUNG

SIEHE HALSSCHMERZEN

ASTHMA

ENTZÜNDUNG UND VERKRAMPFUNG DER BRONCHIEN, VERURSACHT ATEMLOSIGKEIT, KEUCHEN, ENGEGEFÜHL, HUSTEN. ASTHMA IST ERBLICH, WIRD DURCH ALLERGIEN, STRESS, ÜBERANSTRENGUNG UND KALTE LUFT AUSGELÖST

! NEHMEN SIE IHRE MEDIKAMENTE REGELMÄSSIG EIN

✔ Wirksam sind Schwarze Johannisbeeren, Kohl, Karotten, Kerbel, Grapefruit, Honig, Meerrettich, Salat, Minze, Rettich, Rosmarin, Bohnenkraut, Sauerampfer, Brunnenkresse. Trinken Sie Kerbel-, Karotten-, Kohl-, Zitronen-, Brunnenkresse- und Apfelsaft und Aufgüsse mit Minze, Thymian (mit Zitrone) und Rosmarin. Bei einem Anfall nehmen Sie ein Stück Würfelzucker mit drei Tropfen Fenchelöl.

✘ Meiden Sie Milchprodukte.

REZEPTE: Karotten-Apfel-Ingwer-Saft (Seite 112), Kohl-Karotten-Sellerie-Saft (Seite 113), Zitronenmelisse-Kamillen-Aufguss (Seite 118), Ingwer-Aufguss (Seite 118), Salatsamen-Sud (Seite 120), Erdbeerblatt-Sud (Seite 120).

HEUFIEBER

ALLERGISCHE REAKTION AUF POLLEN VON BÄUMEN, BLUMEN UND GRÄSERN, VERURSACHT SCHNUPFEN, LAUFENDE NASE, JUCKREIZ AN AUGEN, NASE UND RACHEN

✔ Siehe Atemwegssystem und Asthma.

REZEPTE: Majoran-Aufguss (Seite 117), Zitronenmelisse-Kamillen-Aufguss (Seite 118), Holunder-Kamillen-Aufguss (Seite 118).

RIPPENFELLENTZÜNDUNG

Starke Seiten- oder Rückenschmerzen durch Entzündung der Membrane, die die Lunge umgibt. Starke Schmerzen beim Atmen und Husten.

✔ Siehe Asthma, Bronchitis. Wohltuend sind Kohl, Karotten, Kirschen, Kerbel, Feigen, Knoblauch, Lauch, Zwiebeln, Rettich, Safran, Brunnenkresse.

REZEPTE: Kohl-Karotten-Sellerie-Saft (Seite 113), Majoran-Aufguss (Seite 117), Zitronenmelisse-Kamillen-Aufguss (Seite 118), Holunder-Kamillen-Aufguss (Seite 118), Kirschstiel-Sud (Seite 120), Salatsamen-Sud (Seite 120).

BRONCHITIS

Eine Entzündung im Inneren der Bronchien, verursacht Husten, vermehrte Speichelproduktion, Atemlosigkeit. Kann akut sein durch Viren und Bakterien oder chronisch durch frühere Erkrankungen, Rauchen oder Umweltgifte

✔ Siehe Atemwegssystem. Wohltuend sind Schwarze Johannisbeeren, Borretsch, Karotten, Kerbel, Feigen, Knoblauch, Trauben, Honig, Meerrettich, Salat, Minze, Quitten, Rettich, Salbei, Bohnenkraut, Thymian, Brunnenkresse. Trinken Sie Aufgüsse mit Rosmarin und Borretsch.

✘ Meiden Sie Milchprodukte und Weizen.

REZEPTE: Mandelmilch (Seite 71), Karotten-Apfel-Ingwer-Saft (Seite 112), Majoran-Aufguss (Seite 117), Zitronenmelisse-Kamillen-Aufguss (Seite 118), Ingwer-Aufguss (Seite 118), Salatsamen-Sud (Seite 120), Lauchsirup (Seite 124).

LUNGENENTZÜNDUNG

Entzündung der Lungenflügel durch Viren oder Bakterien. Atemlosigkeit, Husten mit blutigem Auswurf, hohes Fieber, Schmerzen im Brustraum. Kompliziertе Verläufe sind lebensgefährlich

! Nehmen Sie Ihre Medikamente regelmässig ein

✔ Siehe Asthma, Bronchitis. Essen Sie Lebensmittel, die reich an Vitamin C und Zink sind. Helfend sind Brombeeren, Borretsch, Karotten, Kerbel, Nelken, Feigen, Knoblauch, Wacholderbeeren, Salat, Lauch, Brennnesseln, Zwiebeln, Rosmarin, Bohnenkraut, Thymian.

REZEPTE: Kirsch-Apfel-Saft (Seite 112), Kohl-Karotten-Sellerie-Saft (Seite 113), Grüne-Bohnen-Knoblauch-Saft (Seite 113), Salat-Basilikum-Saft (Seite 113), Sellerie-Zwiebel-Saft (Seite 113), Majoran-Aufguss (Seite 117), Zitronenmelisse-Kamillen-Aufguss (Seite 118), Holunder-Kamillen-Aufguss (Seite 118), Kirschstiel-Sud (Seite 120).

HUSTEN

Infektion, Entzündung oder Reizung des Rachens, oft begleitet von Erkältung, Bronchitis, Grippe und Halsschmerzen. Falls mit Fieber – siehe Immunsystem

! Bei langanhaltendem Husten oder blutigem Auswurf sofort zum Arzt

✔ Siehe Asthma, Bronchitis und Halsschmerzen.

TAGESPLAN BEI CHRONISCHEN LUNGENBESCHWERDEN

Dieser Tagesplan hilft bei chronischen Erkrankungen der Lunge, bei Asthma oder Bronchitis.

Frühstück

Ein Schälchen Reisflockenbrei, ein Glas Karottensaft, eine Tasse Kaffee, eine Grapefruit oder Kiwi.

Zwischenmahlzeiten

Trockenfrüchte, Rosinen, Papaya, Ananas, Feigen oder viel Vitamin-C-reiche Früchte wie Orangen, Äpfel, Kiwi, Ingwer-Aufguss.

Mittagessen

Rettichsalat, gegrillter Fisch mit Senf- oder Meerrettichsoße, Melone mit Minze.

Abendessen

Rote-Linsensuppe mit Roggenbrot, Avocadoschaum, Salatsamen-, Majoran- oder Zitronenmelisse-Aufguss.

Niere und Blase

Heilende Lebensmittel sind Brunnenkresse, Feigen, frisches Obst, Gerste, Gurke, Heidelbeeren, Kohl, Lauch, Löwenzahn, Preiselbeeren, Schwarze Johannisbeeren, Sellerie, Trauben, unbehandelte Vollkornprodukte, Weizenkeime und Zwiebeln

Die Aufgabe der Nieren ist es, Abfallprodukte aus dem Blut abzutransportieren. Sie werden in der Blase aufgelöst und die Rückstände im Urin ausgeschieden. Der Körper produziert täglich etwa 1 Liter Urin, die Blase leert sich täglich etwa 4–6-mal. Die Farbe Ihres Urins zeigt Ihnen, ob Sie genug trinken, dunkelorange- oder bernsteinfarbiger Urin bedeutet, dass Sie zu wenig trinken. Veränderungen des Urins zeigen Krankheiten an. Farbloser, flockiger Urin oder Schmerzen beim Wasserlassen deuten auf Erkrankungen hin. Bei Männern über 50 vergrößert sich oftmals die Prostata. Das führt zu Problemen wie Harnzurückhaltung, langsames oder nur tröpfelndes Wasserlassen.

Sie können die Nierenfunktion stärken, indem Sie viel Wasser, Fruchtsäfte und Kräuter-Aufgüsse trinken und von den oben genannten Lebensmitteln reichlich essen. Reduzieren Sie den Genuss von Kaffee, Tee und Alkohol. Alkohol unterdrückt die Bildung von harnhemmenden Hormonen, die Urinmenge steigt extrem an. Essen Sie Lebensmittel, die reich an Pflanzenfasern und Magnesium sind, etwa frisches Obst. Unbehandelte Vollkornprodukte und Weizenkeime sind wohltuend für Nieren und Blase. Beugen Sie Erkrankungen von Nieren, Blase und Harnwegen vor, indem Sie Ihr Immunsystem stärken (Seite 78–79).

PROSTATAVERGRÖSSERUNG

Die Prostata vergrössert sich, drückt auf die Harnröhre, der Harnfluss wird erschwert. Siehe Männerleiden

BLASEN- UND NIERENSTEINE

Kleine, harte Ablagerungen von Kalzium oder anderen Salzen treten im Urinaltrakt auf. Steine in der Blase verursachen sehr starke Schmerzen beim Wasserlassen, oft ist Blut im Urin. Sie können in der Harnröhre, in der Blase oder in der Niere auftreten. Blasen- und Nierensteine müssen operativ oder andersweitig behandelt werden

! Trinken Sie 6–8 Gläser Wasser am Tag, 1 Glas in der Nacht

✔ Wohltuend sind Mandeln, Artischocken, Bohnen, Brombeeren, Schwarze Johannisbeeren, Saubohnen, Kohl, Sellerie, Kirschen, Kichererbsen, Chicoreé, Löwenzahn, Trauben, Grüne Bohnen, Salat, Melone, Oliven, Zwiebeln, Pfirsiche, Beeren der Lampionblume, Rettich, Rote Johannisbeeren, Erdbeeren, Tomaten, Brunnenkresse. Trinken Sie Olivenblatt-Aufgüsse und Schwarze-Johannisbeer-, Trauben-, Preiselbeer-, Kirsch- und Brunnenkressesaft.

✘ Meiden Sie tierisches Eiweiß, Schokolade, Kaffee, Stachelbeeren, Brennnesseln, Erdnüsse, Rhabarber, Sauerampfer, Spinat, Tee.

REZEPTE: Kichererbsenbrühe (Seite 86), Kohl-Karotten-Sellerie-Saft (Seite 113), Sellerie-Zwiebel-Saft (Seite 113), Gurken-Salatherz-Saft (Seite 113), Lampionblumen- oder Physalismarmelade (Seite 116), Löwenzahn-Aufguss (Seite 117), Birnen-Apfel-Aufguss (Seite 119), Maishaar-Fenchelsamen-Sud (Seite 119), Lampionblumen-Sud (Seite 120), Erdbeerblatt-Sud (Seite 120), Gerstenwasser (Seite 120), Holunderbeer-Wein (Seite 123).

BLASEN- UND HARNRÖHRENENTZÜNDUNG

ENTZÜNDUNG DER BLASE UND HARNRÖHRE DURCH INFEKTIONEN, SCHMERZEN IM UNTERLEIB, HÄUFIGES SCHMERZHAFTES WASSERLASSEN MIT BLUT IM URIN. OFT BEI FRAUEN

✔ Wohltuend wirken Artischocken, Heidelbeeren, Kirschen, Preiselbeeren, Gurke, Löwenzahn, Wacholderbeeren, Melone, Kürbis, Rote Johannisbeeren, Erdbeeren und Thymian. Trinken Sie viel Wasser und Brunnenkresse-, Schwarze-Johannisbeer-, Heidelbeer-, Preiselbeer- und Traubensaft.

✘ Meiden Sie Spargel.

REZEPTE: Kohl-Karotten-Heidelbeer-Saft (Seite 19), Kichererbsenbrühe (Seite 86), Kirsch-Himbeer-Saft (Seite 112), Kirsch-Apfel-Saft (Seite 112), Kohl-Karotten-Sellerie-Saft (Seite 113), Sellerie-Zwiebel-Saft (Seite 113), Gurken-Salatherz-Saft (Seite 113), Lampionblumen- oder Physalismarmelade (Seite 116), Maishaar-Fenchelsamen-Sud (Seite 119), Lampionblumen-Sud (Seite 120), Erdbeerblatt-Sud (Seite 120), Gerstenwasser (Seite 120).

NERVÖSE BLASE

ÜBERMÄSSIGER HARNDRANG. SIEHE BLASEN- UND HARNRÖHRENENTZÜNDUNG

NIERENBECKENENTZÜNDUNG

ENTZÜNDUNG DES NIERENBECKENS MIT RÜCKEN- UND UNTERLEIBSSCHMERZEN, FIEBER UND SCHMERZHAFTEM WASSERLASSEN

! SOFORT ANTIBIOTIKA EINNEHMEN

✔ Wohltuend sind Mandeln, Artischocken, Bohnen, Brombeeren, Schwarze Johannisbeeren, Borretsch, Saubohnen, Kohl, Sellerie, Kirschen, Kichererbsen, Chicoreé, Gurke, Löwenzahn, Knoblauch, Trauben, Lauch, Salat, Melone, Zwiebeln, Pfirsiche, Lampionblumen, Rettich, Rote Johannisbeeren, Erdbeeren, Brunnenkresse und Wassermelone. Trinken Sie viel Wasser und Zwiebel-, Kohl-, Sellerie-, Gurken-, Brunnenkresse-, Trauben-, Preiselbeer-, Kirsch-, und Heidelbeersaft.

REZEPTE: Kohl-Karotten-Heidelbeer-Saft (Seite 19), Kichererbsenbrühe (Seite 86), Kirsch-Apfel-Saft (Seite 112), Sellerie-Zwiebel-Saft (Seite 113), Gurken-Salatherz-Saft (Seite 113), Lampionblumen- oder Physalismarmelade (Seite 116), Maishaar-Fenchelsamen-Sud (Seite 119), Lampionblumen-Sud (Seite 120), Erdbeerblatt-Sud (Seite 120), Gerstenwasser (Seite 120).

TAGESPLÄNE BEI NIEREN- UND BLASENPROBLEMEN

Diese Tagespläne sind geeignet, um den Urinaltrakt zu stärken und Nieren- und Blasenprobleme zu lindern. Trinken Sie viel und verzehren Sie harntreibende, entzündungshemmende Lebensmittel wie Kichererbsen, Lauch und Zwiebeln.

MENÜ 1

FRÜHSTÜCK

Getreideflockenbrei, ein Glas Sellerie-Karottensaft, eine Tasse Kräutertee, eine Grapefruit oder Kiwi.

ZWISCHENMAHLZEITEN

Trockenfrüchte oder Vitamin-C-reiches frisches Obst (Orangen, Äpfel), Löwenzahn- oder Ingwer-Aufguss, Preiselbeersaft.

MITTAGESSEN

Zucchini, gegrillter Fisch mit Reis und Gurke, Gerstenwasser, Melone mit Minze.

ABENDESSEN

Buchweizen mit Lauch und grünem Salat, Hüttenkäse mit Heidelbeeren, Salatsamen-, Thymian- oder Wacholder-Sud.

MENÜ 2

FRÜHSTÜCK

Ein gekochtes Ei mit Roggenbrot, Sellerie-Zwiebel- oder Bohnen-Salat-Knoblauchsaft, Biogurt, eine Tasse Kräutertee.

ZWISCHENMAHLZEITEN

Trockenfrüchte, Schwarze Johannisbeeren, Heidelbeeren, Feigen, Birnen, Rosinen, Gerstenwasser.

MITTAGESSEN

Zwiebeln in Wacholder, geröstetes Fleisch, Brot, Tafelsenf, Gurkensalat, ein Stück Obst.

ABENDESSEN

Kichererbsenbrühe mit Brot, Gerstenschleim, Gerstenwasser, Thymian- oder Kamillen-Aufguss.

Nervensystem, Geist und Gemüt

HEILENDE LEBENSMITTEL SIND ÄPFEL, APRIKOSEN, AVOCADO, BANANEN, DILLSAMEN, FISCH, GRÜNES GEMÜSE, HAFER, HÜLSENFRÜCHTE, KAMILLE, KARTOFFELN, KOHL, KÜRBIS, NÜSSE, PFIRSICHE, QUITTEN, ROTE BETE, SALAT, SELLERIE, SPARGEL UND VOLLKORNPRODUKTE

Eine bessere Stressbewältigung, Entspannung, Meditation und viel Bewegung an der frischen Luft zusammen mit kleinen Ernährungsumstellungen können viele Beschwerden des Nervensystems verhindern. Alle Lebensmittel, die eine beruhigende Wirkung auf das Nervensystem ausüben, sind reich an Vitamin B, Folsäure, Magnesium, Kalium, Zink, Selen und Mangan. Verzehren Sie viel Fisch, grünes Gemüse, Nüsse, Kartoffeln, Hülsenfrüchte und unbehandelte Vollkornprodukte. Nehmen Sie mehr Proteine zu sich und reduzieren Sie den Genuss von Alkohol, Kaffee und Tee. Trinken Sie Aufgüsse mit Kamille, Zitronenmelisse, Lindenblüten, Olivenblättern, Orangenblüten oder Baldrian. Viele Beschwerden wie Nervosität, Konzentrationsschwäche, Kopfschmerzen und Schwindelgefühl sind auf eine Verminderung des Blutzuckers zurückzuführen. Essen Sie kohlenhydrathaltige Mahlzeiten.

DEPRESSIONEN

EINE NEGATIVE PSYCHISCHE VERFASSUNG MIT VIELEN KÖRPERLICHEN SYMPTOMEN

✔ Siehe Ängste, Unruhe. Wohltuend sind Hafer, Walnüsse, frisches Obst und Vitamin-B-Komplex-reiches Gemüse

✘ Meiden Sie Alkohol.

KOPFSCHMERZEN UND MIGRÄNE

VERURSACHT DURCH GESPANNTHEIT DER MUSKELN UND STRESS. MIGRÄNE IST SEHR SCHMERZHAFT. DIE KOPFSCHMERZEN KÖNNEN DURCH BESTIMMTE LEBENSMITTEL, HORMONELLE SCHWANKUNGEN UND UNTERZUCKERUNG AUSGELÖST WERDEN

✔ Siehe Ängste, Unruhe. Wohltuend sind Mandeln, Anis, Basilikum, Saubohnen, Kohl, Kamille, Kirschen, Schnittlauch, Fenchel, Ingwer, Zitronen, Zitronenmelisse, Minze, fettreicher Fisch, Zwiebeln, Pfirsiche, Rosmarin, weißes Fleisch. Essen Sie viel frisches Obst und Gemüse. Trinken Sie Apfel-, Aprikosen- und Salatsaft oder Aufgüsse mit Anissamen, Basilikum, Kamille, Fenchelsamen, Zitronenmelisse oder Minze.

✘ Meiden Sie Alkohol, Kaffee, Käse, Schokolade, Lebensmittel mit Zusätzen (die E-Nummern), Eis, Glutamat, Süßstoffe, Tee.

REZEPTE: Ingwer-Aufguss (Seite 118), Basilikum-Likör (Seite 123), Anis-Likör (Anisette) (Seite 122), Anissamen-Tinktur (Seite 124).

NERVOSITÄT UND STRESS

ÄNGSTE, KONZENTRATIONSSCHWÄCHE UND SCHLAFLOSIGKEIT TRETEN OFT MIT VERDAUUNGSSTÖRUNGEN UND BLUTHOCHDRUCK AUF

✔ Siehe Herz und Kreislauf, Verdauungssystem, Ängste und Unruhe und Schlaflosigkeit.

SCHLAFLOSIGKEIT

Einschlaf- und Durchschlafstörungen, zu wenig Schlaf

✔ Siehe Ängste, Unruhe. Wohltuend sind Auberginen, Basilikum, Gerste, Kamille, Mais, Zucchini, Fenchel, Salat, Lindenblüten, Majoran, Zwiebeln und Kürbis. Essen Sie etwas Kohlenhydrathaltiges 20 Minuten, bevor Sie zu Bett gehen.

✘ Meiden Sie Kaffee, Cola und Tee.

REZEPTE: Mangosaft (Seite 112), Majoran-Aufguss (Seite 117), Zitronenmelisse-Kamillen-Aufguss (Seite 118), Perlender Zitronenmelisse-Aufguss (Seite 119), Kamillen-Zitronen-Wein (Seite 123), Kamillen-Aperitif (Seite 122), Spargel-Sirup (Seite 125).

ERSCHÖPFUNG, MÜDIGKEIT

Kraftlosigkeit, Konzentrations- und Gedächtnisschwäche

✔ Siehe Ängste, Unruhe und Schlaflosigkeit. Wohltuend wirken Obst und Gemüse, besonders Aprikosen, Karotten, Minze, Gelee Royal, Krusten- und Weichtiere, Lebensmittel mit viel Vitamin B (grünes Gemüse, unbehandelte Vollkornprodukte), Zink und Selen. Trinken Sie Aprikosen-, Kirsch- und Traubensaft und Aufgüsse mit Basilikum und Minze.

✘ Übermäßigen Genuss von Kaffee und Alkohol vermeiden.

SCHWINDEL

Gleichgewichtsstörungen, manchmal Brechreiz

! Vom Arzt kontrollieren lassen.

✔ Siehe Nervensystem und Multiple Sklerose. Wohltuend sind Basilikum, Fenchel, Zitronenmelisse, Orangen, Minze, Salbei und Thymian.

MULTIPLE SKLEROSE

Chronische, degenerative Erkrankung des Nervensystems

! Nehmen Sie Ihre Medikamente regelmässig ein

✔ Gut sind Buchweizen, Mais, Obst, Gemüse, Hirse und Hülsenfrüchte. Verwenden Sie viel fettreichen Fisch und kaltgepresstes Pflanzenöl. Trinken Sie frischen Apfel-, Aprikosen-, Kohl-, Trauben-, oder Salatsaft und Aufgüsse mit Anissamen, Basilikum, Kamille, Fenchelsamen, Zitronenmelisse oder Minze. Nehmen Sie täglich Nachtkerzenöl ein.

✘ Meiden Sie Milchprodukte, Gluten, Fleisch.

REZEPTE: Ingwer-Aufguss (Seite 118).

NEURALGIE

Siehe Kopfschmerzen und Migräne

ÄNGSTE, UNRUHE

Ängste verbunden mit Gespanntheit, Schweissausbrüchen, Herzklopfen, Schlaflosigkeit und Appetitlosigkeit

✔ Wohltuend sind Mandeln, Äpfel, Aprikosen, Auberginen, Basilikum, Bohnen, Rote Bete, Sellerie, Zitronenmelisse, Salat, Pfirsiche, Hülsenfrüchte und Quitten. Trinken Sie frischen Apfel-, Aprikosen-, Gurken-, Salat- oder Pfirsichsaft oder Aufgüsse mit Anissamen, Basilikum, Kamille, Zitronenmelisse, Salatsamen, Lindenblüten, Rosmarin oder Thymian. Erhöhen Sie den Kohlenhydratverbrauch.

✘ Meiden Sie Kaffee, Cola und Tee.

REZEPTE: Zitronenmelisse-Kamillen-Aufguss (Seite 118), Perlender Zitronenmelisse-Aufguss (Seite 119), Spargel-Sirup (Seite 125), Salatsamen-Sud (Seite 120), Kamillen-Zitronen-Wein (Seite 123).

TAGESPLAN BEI STRESS

Dieser Tagesplan ist geeignet bei leichter Unruhe, Angst, Konzentrationsschwäche, Kopfschmerz und Schlaflosigkeit.

Frühstück

Haferbrei, ein Glas Karottensaft, Kräutertee wie Zitronenmelisse oder Kamille, eine Banane.

Zwischenmahlzeiten

Trockenfrüchte wie Rosinen, Feigen, frisches Vitamin-C-haltiges Obst (Orangen, Äpfel, Nüsse), Kräutertee.

Mittagessen

Gegrilltes Fleisch, Bohnen mit Karotten und Zwiebeln, Reis mit Gurke oder geraspelten Sellerie, Karottensalat, Wildfruchtsalat mit Zitronenmelisse.

Abendessen

Nudeln mit Auberginensoße, Bananen-Dattel-Dessert, Salatsamen-, Kamillen- oder Zitronenmelisse-Aufguss.

Immunsystem

Besonders hilfreich sind Äpfel, Artischocken, Basilikum, Biogurt, Birnen, Brombeeren, Brunnenkresse, fettreicher Fisch, Grüne Bohnen, Gurken, Heidelbeeren, Himbeeren, Holunder, Hülsenfrüchte, Kamille, Karotten, Kirschen, Knoblauch, Kohl, Krusten- und Weichtiere, Kümmel, Lauch, Löwenzahn, Minze, Nelken, Schnittlauch, Rote Johannisbeeren, Rote Zwiebeln, Schwarze Johannisbeeren, Thymian, unraffiniertes Getreide, Wassermelone, Zimt, Zitronen und Zitronenmelisse

Das Immunsystem schützt den Körper vor Viren, Bakterien und anderen Mikroben. Allergien treten auf, wenn das Immunsystem auf eine Substanz überreagiert. Regelmäßige Bewegung und eine gesunde Ernährung stärken das Immunsystem, während Ernährungsdefizite, Alkohol- und Drogengenuss es schwächen. Um Ihr Immunabwehrsystem zu stärken, sollten Sie auf Alkohol und tierische Fette verzichten. Lassen Sie Lebensmittel weg, die eine Allergie auslösen können. Häufige Auslöser sind Zitrusfrüchte, Mais, Eier, Milch, Käse, Nüsse, Schweinefleisch, Tomaten, Krusten- und Weichtiere, Weizen und Lebensmittel mit Glutamat und E-Zusätzen. Die Lebensmittel, die das Immunsystem stärken, bilden drei Kategorien.

1. Infektionshemmend: Basilikum, Brombeeren, Heidelbeeren, Zimt, Nelken, Kümmel, Knoblauch, Wacholder, Zitronen, Thymian, Biogurt (ist reich an Laktobazillen).
2. Entzündungshemmend: Äpfel, Artischocken, Schwarze Johannisbeeren, Kohl, Kamille, Kirschen, Gurken, Holunder, Zitronenmelisse, Minze, fettreicher Fisch, Birnen, Himbeeren, Rote Johannisbeeren, Brunnenkresse, Wassermelone.
3. Harntreibend und abführend: Artischocken, Schnittlauch, Löwenzahn, Grüne Bohnen, Lauch, Zwiebeln.

Grünes Gemüse ist reich an Vitaminen, Beta-Carotin, Mineralien und Spurenelementen. Diese Stoffe sind wichtig für ein gesundes Immunsystem. Rote, grüne und gelbe Gemüse und Früchte enthalten viele Antioxygene, die das Immunsystem schützen. Fettreicher Fisch enthält viele entzündungshemmende Wirkstoffe. Frische, rohe Früchte und Gemüse sind die besten Quellen für Vitamin C. Hülsenfrüchte, Krusten- und Weichtiere und unraffiniertes Getreide versorgen den Körper mit Zink.

CANDIDA

Infektion durch das Wachstum des Pilzes *Candida albicans*. Entsteht, wenn die Darmflora nicht im Gleichgewicht ist, oft nach Einnahme von Antibiotika

✔ Siehe Immunsystem und Verdauungssystem. Folgen Sie dem Entgiftungsprogramm (Seite 128–131). Essen Sie viel Heidelbeeren, Knoblauch, Biogurt und eingelegte Rüben. Trinken Sie Aufgüsse mit Kümmel, Thymian, Fenchel und Anissamen.
REZEPTE: Fenchel-Aufguss (Seite 117), Majoran-Aufguss (Seite 117).

ERSCHÖPFUNG NACH EINER VIRUSERKRANKUNG

Müdigkeit, Energie- und Konzentrationsschwäche. Folgt oft auf eine Viruserkrankung

✔ Siehe Immunsystem, Anämie (Seite 63), Entgiftung des Verdauungssystems (Seite 128–131) und Erschöpfung (Seite 77). Trinken Sie frischen Aprikosen-, Rote-Bete-, Heidelbeer-, Kohl-, Karotten-, Kirsch- oder Traubensaft und Aufgüsse mit Basilikum, Minze oder Thymian.
REZEPTE: Knoblauch-Tinktur (Seite 49).

NEBENHÖHLENENTZÜNDUNG

Entzündung der Nebenhöhlen, folgt oft nach Erkältungen oder Infektionen der oberen Atemwege. Bei chronischer Erkrankung ist oft eine Allergie die Ursache

✔ Siehe Erkältung.

HALSSCHMERZEN

Als Folge von Erkältungen, Kehlkopf-, Rachen-, oder Mandelentzündung

✔ Siehe Immunsystem und Atemwegssystem. Wohltuend sind Lorbeerblätter, Brombeeren, Schwarze Johannisbeeren, Heidelbeeren, Borretsch, Karotten, Sellerie, Kerbel, Nelken, Feigen, Knoblauch, Honig, Wacholderbeeren, Salat, Lauch, Zitronen, Zwiebeln, Pfefferkörner, Brennnessel, Rosmarin, Bohnenkraut, Thymian, Essig. *REZEPTE: Mandelmilch (Seite 71), Majoran-Aufguss (Seite 117), Lauch-Sirup (Seite 124), Rettich-Sirup (Seite 124).*

GRIPPE

Siehe Erkältung

KEHLKOPFENTZÜNDUNG

Siehe Halsschmerzen

MANDELENTZÜNDUNG

Akute Entzündung der Mandeln, häufig bei Kindern

✔ Siehe Erkältung, Grippe und Halsschmerzen. Ein Thymian-Aufguss mit Honig und Zitronensaft lindert die Schmerzen. *REZEPTE: Rote-Johannisbeer-Brombeer-Heidelbeer-Saft (Seite 112), Lauch-Sirup (Seite 124), Rettich-Sirup (Seite 124).*

ERKÄLTUNG

Virusinfektion, Nasenlaufen, leichtes Fieber, Halsschmerzen und Husten. Wiederholte Erkältungen sind ein Zeichen für ein schwaches Immunsystem

✔ Heilsam sind Basilikum, Brombeeren, Heidelbeeren, Chili, Schnittlauch, Zimt, Nelken, Kümmel, Knoblauch, Ingwer, Wacholder, Zitronen, Bioghurt, Zwiebeln, Orangen, Pfefferkörner, Rosmarin, Meerestiere, Frühlingszwiebeln, Thymian und unraffiniertes Getreide. Essen Sie viel frische, rohe Früchte und Gemüse, besonders rotes, grünes und gelbes. Trinken Sie frischen Brombeer-, Karotten-, Zitronen- oder Orangensaft. *REZEPTE: Knoblauch-Salbei-Suppe (Seite 49), Schnittlauch-Ingwer-Brühe (Seite 88), Holunder-Kamillen-Aufguss (Seite 118).*

TAGESPLÄNE FÜR DAS IMMUNSYSTEM

Diese Tagespläne sind eignet, um das Immunsystem zu stärken.

Menü 1

Frühstück

Biogurt, eine Kiwi, ein Glas Karottensaft, eine Tasse Löwenzahn-Aufguss oder Kräutertee wie Zitronenmelisse oder Kamille.

Zwischenmahlzeiten

Frische Früchte, reich an Vitamin C, Nüsse, Kräutertee.

Mittagessen

Sellerie-Karotten-Salat, Löwenzahn und Kartoffeln, Litschi-Mandarinen-Dessert.

Abendessen

Spinat, grüne Bohnen, Kamillen- oder Zitronenmelisse-Aufguss.

Menü 2

Frühstück

Ein gekochtes Ei, Vollkornbrot, ein Glas Karottensaft.

Zwischenmahlzeiten

Trockenfrüchte, Nüsse, Löwenzahn-Aufguss.

Mittagessen

Mediterraner Bohnen-Salat (Seite 90), gekochter Fisch, Obstsalat.

Abendessen

Brennnessel- oder Brunnenkresse-Suppe, Hüttenkäse mit Heidelbeeren, Holunderblüten- oder Kamillen-Aufguss.

Haut, Haare, Nägel

Besonders wirksam sind Brunnenkresse, fettreicher Fisch, alle roten, gelben oder grünen Früchte und Gemüse, Grünblatt-Gemüse, Kamille, Karotten, Kerbel, Kohl, Krusten- und Weichtiere, Löwenzahn und Oliven

Um Ihre Haut zu verbessern, folgen Sie dem Entgiftungsprogramm auf den Seiten 128–131. Wenn Sie auf etwas allergisch reagieren, streichen Sie es vom Speiseplan. Falls Sie rauchen, versuchen Sie alles, um aufzuhören. Sie sollten die Haut auch äußerlich behandeln, mit Ölen, Heilerde und Packungen, um Entzündungen und Infektionen vorzubeugen oder zu heilen. Folgende Lebensmittel wirken besonders gut:

1. Löwenzahn (wirkt stark entgiftend).
2. Karotten und alle roten, gelben oder grünen Früchte und Gemüse (sind reich an Beta-Carotin und Antioxygenen).
3. Grünblatt-Gemüse (enthalten Vitamine und Mineralien, die gut sind für die Haut).
4. Kamille (innerlich gut bei Stress, äußerlich als entzündungshemmendes Gesichtswasser verwenden).
5. Krusten- und Weichtiere und fettreicher Fisch (enthält essenzielle Fettsäuren und Mineralstoffe).

ROSACEA

Entzündliche Rötung des Gesichts mit Wucherungen

! Verschlimmert sich durch Alkohol und Stress

✔ Meiden Sie Milchprodukte. Verwenden Sie Kamillen-Aufgüsse als Gesichtswasser. Tragen Sie Thymian- oder Kohl-Aufgüsse oder Salatblätter auf die betroffenen Stellen auf.

✘ Meiden Sie Alkohol und scharfe Gewürze.

REZEPTE: Kohl-Karotten-Heidelbeer-Saft (Seite 19), Rettich-Karotten-Saft (Seite 113).

HAUTENTZÜNDUNG UND EKZEME

Häufig chronische Entzündung, Wunden können trocken oder nässend sein und jucken

✔ Wohltuend sind Artischocken, Karotten, Kerbel, Gurken, Löwenzahn, grünes Gemüse, Trauben, Melonen, Himbeeren und Schwarzwurzeln. Essen Sie viel fettreichen Fisch. Das Auftragen von Oliven- oder Walnussöl hilft gut bei trockener, entzündeter Haut. Benutzen Sie einen Kamillen- oder Thymian-Aufguss als Gesichtswasser.

✘ Meiden Sie Alkohol und scharfe Gewürze. Reduzieren Sie den Verzehr von Milchprodukten, Fleisch und industriell behandelten Lebensmittel.

REZEPTE: Kohl-Karotten-Heidelbeer-Saft (Seite 19), Rettich-Karotten-Saft (Seite 113), Löwenzahn-Aufguss (Seite 117).

PSORIASIS (SCHUPPENFLECHTE)

Meist erblich bedingt, übermässige Produktion neuer Hautzellen, schmerzhafte, schuppige Flecken auf der Haut

! Stress kann Psoriasis auslösen und verschlimmern

✔ Siehe Nervosität und Stress. Essen Sie viel fettreichen Fisch und gehen Sie oft an die Sonne.

✘ Meiden Sie tierisches Fett und Milchprodukte.

FURUNKEL UND KARBUNKEL

Siehe Akne

NESSELSUCHT (NESSELAUSSCHLAG)

Rote, juckende Flecken, meist eine allergische Reaktion, wird bei Stress schlimmer

! Kann eine Reaktion auf ein Medikament sein. Fragen Sie Ihren Arzt. Nesselsucht ist gefährlich, wenn Mund, Lippen oder Zunge betroffen sind.

✔ Wohltuend wirken Artischocken, Karotten, Gurke, Löwenzahn, grünes Gemüse (Brennnessel, Brunnenkresse), Rettich, Wassermelone. Trinken Sie Kamillen- oder Zitronenmelisse-Aufgüsse. Verwenden Sie eine Mischung aus Kamillen- und Pfefferminztee zu gleichen Teilen als Gesichtswasser.

✘ Versuchen Sie die allergieauslösende Substanz zu finden. Melden Sie Alkohol, tierisches Fett, Milchprodukte, Eier und Weizen für einige Tage.

REZEPTE: Zitronenmelisse-Kamillen-Aufguss (Seite 118), Perlender Zitronenmelisse-Aufguss (Seite 119).

KOPFSCHUPPEN

Schuppen auf der Kopfhaut, manchmal Hefepilzinfektion

✔ Siehe allgemeine Hinweise für Haut, Haare und Nägel. Waschen Sie Ihr Haar mit Thymian- oder Rosmarin-Aufgüssen.

PILZINFEKTIONEN

Reizung der Haut, häufig zwischen Zehen und Fingern, in der Leistengegend und auf der Kopfhaut

✔ Siehe Immunsystem. Verwenden Sie Thymian-Aufgüsse, und waschen Sie damit die betroffenen Stellen.

AKNE

Entzündung der Haut mit kleinen Flecken auf Gesicht, Nacken oder Rücken, oft bei hormonellen Schwankungen

✔ Heilsam wirken Lebensmittel, die reich an Zink und Vitamin A sind. Geben Sie Kohlblätter oder -saft, Karottensaft oder Salatsamen-Sud auf die besonders entzündeten Stellen und benutzen Sie Kamillen-Sud als Gesichtswasser.

✘ Meiden Sie Käse, Schokolade, jodhaltige Lebensmittel (wie Krusten- und Weichtiere, Seetang) und raffinierte Kohlenhydrate.

REZEPTE: Kohl-Karotten-Heidelbeer-Saft (Seite 19), Rettich-Karotten-Saft (Seite 113).

Frauenleiden

Stillenden Müttern ist der Verzehr von Fenchel zu empfehlen. Er regt den Appetit des Babys an und beugt Koliken und Verdauungsstörungen vor. Der Verzehr von Dill verbessert den Geschmack der Muttermilch.

PRÄMENSTRUELLES SYNDROM (PMS)

Körperliche und psychische Symptome vor der Menstruation: Verstopfung, Müdigkeit, Probleme beim Wasserlassen, Nervosität, Unterleibsschmerzen, geschwollener Bauch, Gefühlsschwankungen

✔ Siehe Nervensystem und Nervosität und Stress (Seite 77). Nehmen Sie mehr Lebensmittel zu sich, die reich an Vitamin B_6, Kalzium, Magnesium, Mangan und Zink sind (Seite 140–141). Essen Sie häufiger kleinere Mahlzeiten mit vielen Kohlenhydraten wie Bohnen, Brot, Esskastanien, Nudeln, Reis und viel Wurzelgemüse. Aufgüsse mit Anissamen, Dill und Salbei enthalten hormonähnliche Substanzen und lindern die Beschwerden. Ebenso Aufgüsse mit Estragon und Minze. Sie enthalten krampflösende Stoffe. Auch Gerste enthält eine Aminosäure, die Beschwerden lindert.

Meiden Sie fett- und salzhaltige Speisen und Kaffee, Cola und Tee. Reduzieren Sie Milchprodukte.

REZEPTE: Sellerie-Zwiebel-Saft (Seite 113), Gurken-Salatherz-Saft (Seite 113), Salat-Basilikum-Saft (Seite 113), Zitronenmelisse-Kamillen-Aufguss (Seite 118), Perlender Zitronenmelisse-Aufguss (Seite 119).

MORGENDLICHE ÜBELKEIT

Kommt häufig in den ersten Schwangerschaftswochen vor. Verschwindet meist nach der 16. Woche

✔ Essen Sie häufig kleinere Mahlzeiten und viel Kohlenhydrate wie Bohnen, Brot, Esskastanien, Nudeln und Reis. Trinken Sie Fenchel-, Ingwer- oder Pfefferminz-Aufgüsse, oder essen Sie ein kleines Stück kandierten Ingwer.

REZEPTE: Fenchel-Aufguss (Seite 117), Ingwer-Aufguss (Seite 118).

SCHWANGERSCHAFT

Eine gesunde Ernährung ist wichtig für Mutter und Kind

✔ Förderlich sind Lebensmittel, die reich an Eisen und Folsäure sind. Dazu gehören auch Trockenfrüchte und grünes Blatt-Gemüse wie Brunnenkresse, Spinat und Brokkoli. Außerdem Rote Bete, Brombeeren, Sellerie, Fenchel, gekeimte Hülsenfrüchte, Biogurt, rotes Fleisch, unraffiniertes Getreide. Trinken Sie täglich 1 ½ Liter Mineralwasser und frischen Apfel-, Aprikosen-, Rote-Bete-, Kohl-, Trauben-, Grüne-Bohnen-, Salat- und Brunnenkressesaft und Aufgüsse mit Kamille, Fenchel, Lindenblüten und Minze.

✘ Meiden Sie Alkohol und Fertigprodukte, Rauchen aufgeben.

REZEPTE: Kohl-Karotten-Heidelbeer-Saft (Seite 19), Apfel-Himbeer-Saft (Seite 111), Aprikosen-Limetten-Minze-Saft (Seite 111), Kirsch-Apfel-Saft (Seite 112), Grüne-Bohnen-Knoblauch-Saft (Seite 113), Rote-Bete-Sellerie-Saft (Seite 113), Salat-Basilikum-Saft (Seite 113), Fenchel-Aufguss (Seite 117), Himbeerblätter-Aufguss (Seite 117), Zitronenmelisse-Kamillen-Aufguss (Seite 118), Ingwer-Aufguss (Seite 118), Fenchelsamen-Sud (Seite 120).

ENDOMETRIOSE

Entzündung von Teilen der Gebärmutterschleimhaut, die bis in das Becken und zum Darm hin wuchert und Schmerzen bei der Menstruation und beim Geschlechtsverkehr verursacht. Führt oft zur Unfruchtbarkeit. Siehe Prämenstruelles Syndrom und Menstruationsschmerzen

MENOPAUSE

Veränderungen im Hormonhaushalt, Ende der Monatsblutungen um das 50. Lebensjahr

✔ Hilfreich sind Lebensmittel, die reich an Kalzium und Magnesium sind: Avocados, Hüttenkäse, Esskastanien, Datteln, Feigen, grünes Gemüse, Biogurt, Nüsse, Soja, Tee, Tofu, unraffiniertes Getreide und borsäurehaltige Lebensmittel wie Mandeln, Rosinen, Pflaumen, Soja. Nehmen Sie ausreichend Vitamin B (Seite 138). Trinken Sie frischen Kohl-, Kirsch-, Trauben-, Grapefruit- und Brunnenkressesaft, Aufgüsse mit Anissamen, Kamille, Kümmelsamen, Zitronenmelisse und Salbei sowie Biogurt-Getränke.

REZEPTE: Kohl-Karotten-Heidelbeer-Saft (Seite 19), Kirsch-Apfel-Saft (Seite 112), Kirsch-Himbeer-Saft (Seite 112), Zitronenmelisse-Kamillen-Aufguss (Seite 118), Perlender Zitronenmelisse-Aufguss (Seite 119), Kreuzkümmelsamen-Sud (Seite 120), Anis-Likör (Anisette) (Seite 122), Anissamen-Tinktur (Seite 124).

AUSBLEIBEN DER MENSTRUATION

Keine oder unregelmässige Menstruation, verursacht durch hormonelles Ungleichgewicht, Stress, Überarbeitung, plötzlichen Gewichtsverlust, Appetitlosigkeit

✔ Wohltuend wirken Anis, Dill, Trockenfrüchte, Fenchel, grünes Blatt-Gemüse, Leber, Petersilie, rotes Fleisch, Salbei, Hefeextrakt. Trinken Sie frischen Aprikosen-, Brokkoli- oder Spinatsaft und Aufgüsse mit Anissamen, Fenchelsamen oder Salbei.

REZEPTE: Aprikosen-Limetten-Minze-Saft (Seite 111), Brokkoli-Grüne-Bohnen-Saft (Seite 113), Fenchel-Aufguss (Seite 117), Karottensamen-Aufguss (Seite 118), Koriandersamen-Aufguss (Seite 118), Maishaar-Fenchelsamen-Sud (Seite 119), Dillsamen-Sud (Seite 120), Fenchelsamen-Sud (Seite 120), Anis-Likör (Anisette) (Seite 122), Anissamen-Tinktur (Seite 124), Koriandersamen-Tinktur (Seite 124).

VERDAUUNGSSTÖRUNGEN IN DER SCHWANGERSCHAFT

Sodbrennen, Verdauungsschwäche und Übersäuerung kommen häufig während der Schwangerschaft vor

✔ Siehe Verstopfung (Seite 68). Wohltuend wirken Äpfel, Bananen, Karotten, Zucchini, Feigen, gekeimte Gerste, Ingwer, Papaya, Pfirsiche, Ananas, Kartoffeln. Nehmen Sie öfter kleinere Mahlzeiten zu sich. Trinken Sie frischen Apfel-, Karotten-, Pfirsich- oder Ananassaft und Aufgüsse mit Basilikum, Kamille, Fenchelsamen oder Zitronenmelisse.

✘ Meiden Sie fettreiche und behandelte Lebensmittel.

REZEPTE: Fenchel-Aufguss (Seite 117), Zitronenmelisse-Kamillen-Aufguss (Seite 118), Maishaar-Fenchelsamen-Sud (Seite 119), Perlender Zitronenmelisse-Aufguss (Seite 119), Ingwer-Aufguss (Seite 118), Fenchelsamen-Sud (Seite 120), Gerstenwasser (Seite 120).

MENSTRUATIONSSCHMERZEN

Schmerzen im Unterleib, vor und während der Periode

✔ Wohltuend wirken Anissamen, Dill und Salbei, denn sie enthalten hormonähnliche Stoffe. Folgende Lebensmittel wirken krampflösend, analgetisch und helfen bei Unterleibsschmerzen und -krämpfen: Lorbeerblätter, Kamille, Schnittlauch, Frühlingszwiebeln, Koriandersamen, Fenchel, Minze, Zwiebeln, Schalotten, Rosmarin, Safran, Estragon.

REZEPTE: Himbeerblätter-Aufguss (Seite 117), Zitronenmelisse-Kamillen-Aufguss (Seite 118), Koriandersamen-Aufguss (Seite 119), Dillsamen-Sud (Seite 120).

BLASENENTZÜNDUNG

SIEHE NIEREN UND BLASE

SOOR

EINE PILZINFEKTION DER VAGINA DURCH CANDIDA ALBICANS. HAUTREIZUNG, WUNDSEIN UND AUSFLUSS SIND DIE FOLGE (SIEHE CANDIDA, SEITE 78)

✔ Verwenden Sie Kamillen- und Thymian-Aufgüsse als innere Dusche.

UNREGELMÄSSIGE MENSTRUATION

SIEHE AUSBLEIBEN DER MENSTRUATION

PROBLEME BEIM WASSERLASSEN

TRITT HÄUFIG WÄHREND DER SCHWANGERSCHAFT AUF

✔ Siehe Blut und Kreislauf. Lauch und Zwiebeln wirken harntreibend. Heidelbeeren (getrocknet oder frisch) und Preiselbeeren beugen einer Blasenentzündung vor. Auch ein Gerste-Aufguss hilft.

Männerleiden

PROSTATAVERGRÖSSERUNG

HÄUFIG BEI MÄNNERN ÜBER 45. SCHWIERIGKEITEN BEIM MORGENDLICHEN WASSERLASSEN IST EIN ERSTES SYMPTOM

✔ Hilfreich sind Brot, Hühnerfleisch, Mais, getrocknete Feigen, Eier, Fisch, grünes Gemüse, Biogurt, Brennnesseln, Nüsse, Kürbiskerne, Kürbiskernöl, Soja, Tofu und zinkhaltige Lebensmittel (Seite 141). Mischen Sie zu gleichen Teilen Mandeln, Paranüsse, Gurkensamen, Leinsamen, Erdnüsse, Kürbiskerne, Sesam, Sojabohnen und Walnüsse. Pürieren Sie alles im Mixer zu einer Paste. Essen Sie täglich 2 Esslöffel.

PROSTATITIS

SIEHE PROSTATAVERGRÖSSERUNG, BLASENENTZÜNDUNG (SEITE 75) UND IMMUNSYSTEM

✔ Aufgüsse mit Wacholderbeeren oder Heidelbeeren.

Kinderkrankheiten

Viele Anwendungen aus Teil 3 sind auch für Kinder geeignet, außer denen, die Alkohol enthalten.

ÄNGSTE, FURCHT, ALBTRÄUME

✔ Aufgüsse mit Kamille, Zitronenmelisse oder Lindenblüten abends.
REZEPTE: Zitronenmelisse-Kamillen-Aufguss (Seite 118), Perlender Zitronenmelisse-Aufguss (Seite 119).

WINDPOCKEN

SIEHE MASERN

VERSTOPFUNG

SIEHE VERDAUUNGSSYSTEM

✔ Verwenden Sie gekochte, pürierte Karotten oder gekochte Äpfel.
REZEPTE: Pfirsich-Sirup (Seite 124).

DURCHFALL

SIEHE VERDAUUNGSSYSTEM

✔ Heidelbeeren, gekochte Karotten und Reiskochwasser sind gut für Kinder geeignet.

KEUCHHUSTEN

SIEHE ATEMWEGSSYSTEM

MASERN

HOCH ANSTECKENDE VIRUSINFEKTION MIT FIEBER UND HAUTAUSSCHLAG

✔ Brombeeren, Sellerie, Kirschen, Gurken, Zwiebeln und Thymian senken das Fieber und wirken entzündungshemmend. Kamillentee hilft äußerlich gegen den Juckreiz, Olivenöl mit 3 % Lavendelöl ebenfalls.
REZEPTE: Kohl-Karotten-Heidelbeer-Saft (Seite 19), Rettich-Karotten-Saft (Seite 113), Kirschstiel-Sud (Seite 119), Kirschstiel-Apfel-Sud (Seite 119).

Teil 3

Rezepte zur Heilung

Medizinisch wirksame Lebensmittel in unsere Ernährung aufzunehmen bedeutet auch, die Küche kreativ und geschmackvoll zu erweitern. Die Rezepte auf den folgenden Seiten umfassen schnelle, ungewöhnliche Gerichte, aber auch medizinische Getränke, Tinkturen, Sirup, Weine und Liköre. Um spezielle medizinisch wirksame Lebensmittel auszuwählen, schauen Sie bitte in Teil 1 nach. Dort finden Sie auch Hinweise auf die Rezepte in diesem Teil des Buches. Wenn Sie wissen wollen, welche Lebensmittel Sie bei einer bestimmten Krankheit auf den Tisch bringen sollen, schlagen Sie bitte in Teil 2 nach. Dort finden Sie die Beschreibung der häufigsten Krankheiten, geordnet nach den jeweiligen Körpersystemen. Oder stöbern Sie einfach durch die folgenden Rezepte, und stellen Sie sich Ihr eigenes heilsames Menü zusammen.

Suppen und Salate

Alle Rezepte sind für 4 Personen berechnet, wenn nicht ausdrücklich etwas anderes vermerkt ist. Verwenden Sie möglichst Produkte aus biologisch kontrolliertem Anbau.

SUPPEN

Croûtons

1 Knoblauchzehe
4 dicke Brotscheiben, vom Vortag
Olivenöl

Reiben Sie den Knoblauch in das Brot, schneiden Sie das Brot in Würfel und rösten Sie die Würfel in Olivenöl. Auf Küchenpapier abtropfen lassen.

Saubohnen-Suppe *(rechts)*

1 1/2 kg frische oder getrocknete Saubohnen
2 Esslöffel Olivenöl
1 rote Zwiebel, feingehackt
50 g frischer Kerbel, Petersilie oder Rauke, gehackt
2 Liter kaltes Wasser
Salz und Pfeffer
Croûtons

Weichen Sie die getrockneten Saubohnen nach Packungsvorschrift ein. Erhitzen Sie das Olivenöl, und dünsten Sie die Zwiebel 10 Minuten an. Fügen Sie die Bohnen, den Kerbel und das Wasser hinzu, lassen Sie alles aufkochen und bei geringer Hitze köcheln, bis die Bohnen weich sind. Pürieren Sie die Suppe, und servieren Sie sie mit Croûtons (rechts).

Kräuterbrühe

50 g Sauerampfer, fein gehackt
25 g Salatblätter, fein gehackt
25 g Mangoldblätter, fein gehackt
25 g Kerbel, fein gehackt
25 g Lauch, in Scheiben geschnitten
Salz
1 1/2 Liter Wasser
1 Esslöffel Olivenöl

Pürieren Sie die Zutaten, und bringen Sie alles zum Kochen, etwa 20 Minuten köcheln lassen.

Borschtsch

1/2 mittelgroßer Grün- oder Weißkohl
1/2 mittelgroßer Rotkohl
2 mittelgroße Rote Bete, geschält
1 1/2 Liter Fleisch- oder Gemüsefond
1 Pastinake, geschält und geschnitten
1 große Karotte, geschält und geschnitten
etwas Kümmel
3 Esslöffel Tomatenpüree
2 Esslöffel Rotweinessig
Salz und Pfeffer
Sauerrahm oder Jogurt

Schneiden Sie den Kohl und eine Rote Bete in dünne Streifen. Bringen Sie den Fond zum Kochen, und fügen Sie Kohl, Rote Bete, Pastinake, Karotte, Kümmel und Tomatenpüree hinzu. Bedeckt etwa 1 Stunde köcheln lassen, fügen Sie noch Fond hinzu, falls nötig. Zerdrücken Sie die Pastinake und die Karotte mit einer Gabel im Topf. Entsaften Sie die zweite Rote Bete im Entsafter, und geben Sie den Saft an die Suppe. Mit Salz und Pfeffer abschmecken. Mit etwas Sauerrahm oder Jogurt servieren.

Kichererbsenbrühe

Kichererbsen und Graupen, zusammen aufgekocht, ergeben einen Sud, der harntreibende Wirkung hat und bei Blasenentzündung und Ödemen hilft. Gießen Sie das Kochwasser nach 30 Minuten ab, und kühlen Sie es im Kühlschrank. Gießen Sie neues Wasser auf, und kochen Sie das Gericht fertig. Die Brühe ist mild, eignet sich für Babys und Rekonvaleszenten.

100 g Kichererbsen, eingeweicht und gekeimt (kann bis zu 48 Stunden dauern)
150 g Graupen
1 Liter Wasser
Salz und Pfeffer
50 g frische Petersilie, gehackt

Kochen Sie Kichererbsen und Graupen insgesamt 60 Minuten. Mit Salz und Pfeffer abschmecken, Petersilie 10 Minuten ziehen lassen, dann alles im Mixer pürieren.

Schnittlauch-Ingwer-Brühe *(unten)*

1 Bund Schnittlauch oder 8 Frühlingszwiebeln, geschnitten
1 Nelke
ein 5-cm-Stück Ingwer, geschält und in Scheiben geschnitten
2 Knoblauchzehen
5 schwarze Pfefferkörner
kleine Brustwurz (Engelwurz), geschnitten
1 Liter Wasser

Kochen Sie die Zutaten 15 Minuten im Wasser, und servieren Sie dann sofort. Hühnerfleisch kann hinzugefügt werden. Geben Sie das rohe Fleisch in die Brühe und lassen Sie es 30 Minuten garen.

Brennnessel-Suppe

Verwenden Sie junge Brennnesselspitzen von Orten mit wenig Verkehr und keiner Umweltbelastung.
500 g Kartoffeln, geschält und in Scheiben geschnitten
300 g Brennnesseln, Spitzenblätter mit Stielen
Salz und Pfeffer
75 ml Olivenöl
2 Esslöffel fein gehackter Kerbel oder Petersilie
Croûtons (siehe Seite 86)

Kochen Sie die Kartoffeln etwa 20 Minuten, bis sie gar sind. Fügen Sie die Brennnesseln hinzu, und köcheln Sie alles weitere 5–8 Minuten. Mit Salz und Pfeffer abschmecken. Pürieren Sie alles im Mixer oder mit dem Pürierstab, rühren Sie das Olivenöl darunter, und geben Sie den Kerbel oder die Petersilie hinzu. Heiß mit Croutons servieren.

Linsensuppe

Nehmen Sie ganze Linsen, die außen grün und innen rot sind, sie sind besser als zerkleinerte rote Linsen. Sie können auch gekeimte Linsen verwenden. Weichen Sie sie 24 Stunden in kaltem Wasser ein, dann abgießen, mit kaltem Wasser abspülen und in einen flachen Topf geben. Bedecken Sie den Topf mit einem feuchten Tuch, stellen Sie ihn an einen luftigen Ort, und lassen Sie die Linsen weitere 24 Stunden keimen. Bei länger gewünschten Keimen 48 Stunden sprießen lassen.

400 g gekeimte Linsen oder ungekeimte rote Linsen
Hühner- oder Gemüsefond, die Linsen müssen bedeckt sein
3 rote Zwiebeln, gehackt
3 Tomaten, klein geschnitten
4 Knoblauchzehen, zerdrückt
2 Esslöffel Dill
Pfeffer
etwas Sauerrahm, Hüttenkäse oder Jogurt

Dämpfen Sie die Linsen 20 Minuten, bedecken Sie sie mit Hühner- oder Gemüsefond, und köcheln Sie sie weitere 20 Minuten. Inzwischen dünsten Sie Zwiebeln, Tomaten und Knoblauch 5 Minuten und pürieren anschließend. Fügen Sie diese Zwiebelmischung den Linsen hinzu, zusammen mit Dill und Pfeffer. Weitere 5 Minuten köcheln und dann sofort mit Sauerrahm, Hüttenkäse oder Jogurt servieren.

SALATE

Vinaigrette

1 oder 2 Knoblauchzehen (oder nach Geschmack)
2 Esslöffel Zitronensaft
4 Esslöffel Olivenöl
Salz und Pfeffer

Knoblauchzehen zerdrücken, mit Zitronensaft mischen und das Olivenöl einrühren. Mit Salz und Pfeffer abschmecken, über den Salat gießen. Eine Vinaigrette kann sehr schnell im Mixer hergestellt werden.

Avocado-Dressing

2 Avocados, geschält und entsteint
1 Knoblauchzehe
Zitronensaft zum Abschmecken
1 Esslöffel Dijon-Senf
1 Esslöffel frische Petersilie, fein gehackt
Salz und Pfeffer

Alles in den Mixer geben – eine Alternative zu Majonäse oder Vinaigrette.

Paprika-Auberginen-Salat

1 grüne Paprika, halbiert
1 rote Paprika, halbiert
1 gelbe Paprika, halbiert
500 g Auberginen, in kleine Stücke geschnitten
Saft einer halben Zitrone
2 Schalotten, fein gehackt
250 g Tomaten, geviertelt
Vinaigrette
2 Esslöffel frisches Basilikum oder Minze, fein gehackt

Grillen Sie die Paprika, bis die Haut schwarz ist, und geben Sie sie in einen luftdicht verschlossenen Plastikbeutel, bis sie erkaltet sind. Entfernen Sie die Haut, und schneiden Sie die Paprika klein. Kochen Sie die Auberginen in gesalzenem Wasser mit dem Zitronensaft, bis sie weich sind. Abgießen und mit Paprika, Schalotten und Tomaten mischen. Gießen Sie die Vinaigrette darüber, und stellen Sie den Salat bis zum Servieren 2 Stunden in den Kühlschrank.

Karotten-Erdbeer-Salat

Dazu passt gut ein Koriander-Dressing.

3 Esslöffel Olivenöl
Saft einer kleinen Zitrone
500 g Karotten, geschält und geraspelt
300 g Erdbeeren, klein geschnitten
dünn gehobelte Zitronenschale
3 Erdbeeren zum Garnieren

Verrühren Sie das Öl mit dem Zitronensaft in einer Schüssel. Fügen Sie die Karotten und Erdbeeren hinzu. Mit den Erdbeeren und der Zitronenschale garnieren. Vor dem Servieren 3 Stunden im Kühlschrank kühlen.

Koriander-Dressing

1 Esslöffel Koriander, fein gehackt
2 x 150-ml-Becher Biogurt
Salz und Pfeffer

Mischen Sie den Koriander mit Biogurt, mit Salz und Pfeffer abschmecken.

Mediterraner Bohnen-Salat *(unten)*

200 g Trockenbohnen
eine Prise Zimt
1 Zwiebel, fein gehackt
2 Tomaten, klein geschnitten
50 g schwarze Oliven
1 Nelke
Salz und Pfeffer
4 Esslöffel Olivenöl
1 Esslöffel frische Minze, gehackt
Dazu: Knoblauchbrot

Weichen Sie die Bohnen nach Packungsanweisung ein. Geben Sie sie in kaltes Wasser, und bringen Sie sie zum Kochen, mit dem Zimt noch 2 Stunden weiter köcheln lassen. Abgießen und mit den anderen Zutaten, außer der Minze, mischen. Die Minze drübergeben und so lange wie möglich, bis zu 12 Stunden, im Kühlschrank kühlen. Mit Knoblauchbrot servieren.

Radieschen-Kumquat-Salat *(unten rechts)*

2 Orangen
12 Kumquats
ein großes Bund Radieschen, Wurzeln und Spitzen entfernt
Zitronensaft zum Abschmecken
eine Prise Salz
Zucker oder Honig zum Abschmecken

Zerteilen Sie Radieschen und Orangen, in einer Salatschüssel mischen. Zerschneiden Sie die Kumquats längs in Hälften und fügen Sie sie hinzu. Mit Zitronensaft und Salz abschmecken. Vor dem Servieren kühlen und durchmischen. Mit Zucker oder Honig abschmecken.

Fenchel-Radicchio-Salat

2 Fenchelknollen, fein gehackt
Radicchioblätter, gleiche Menge wie Fenchel
4 Esslöffel Vinaigrette (aus einem Drittel Essig oder Zitronensaft und zwei Dritteln Olivenöl)

Mischen Sie Fenchel und Radicchio in einer großen Schüssel. Mit Vinaigrette begießen und sofort servieren.

Grüne-Bohnen-Salat

500 g Grüne Bohnen
30 g Haselnüsse, gehackt
3 Esslöffel Vinaigrette
1/2 Kopfsalat
2 Esslöffel frische Petersilie oder Kerbel, gehackt

Kochen Sie die Bohnen in gesalzenem Wasser, bis sie bissfest sind. In kaltem Wasser abschrecken, abgießen. Haselnüsse ohne Öl rösten. Mischen Sie die Bohnen mit der Vinaigrette, und geben Sie sie auf die zerteilten Salatblätter. Haselnüsse und Kräuter darüber geben.

Sellerie-Karotten-Salat

300 g Sellerie, geschält und geraspelt
300 g Karotten, geschält und geraspelt
einige Esslöffel Avocado-Dressing (siehe Seite 89)
2 Esslöffel frischer Kerbel oder Petersilie, fein gehackt

Blanchieren Sie den Sellerie 5 Sekunden in kochendem Salzwasser. Abgießen, mit den Karotten mischen und alles mit der Majonäse bedecken. Im Kühlschrank 2 Stunden kühlen, mit den Kräutern bestreut servieren.

Weiße-Rüben-Salat *(unten)*

Passt gut zu geräuchertem Fisch.

1 kg junge Weiße Rüben, geschält
1/2 Liter Hühner- oder Gemüsefond
3 Esslöffel Schnittlauch, fein gehackt
3 Esslöffel Estragon, fein gehackt
3 Esslöffel Kerbel, fein gehackt
2 Esslöffel Olivenöl
1 Esslöffel Zitronensaft

Blanchieren Sie die Rüben 2 Minuten in kochendem Salzwasser. Abgießen und 10–15 Minuten im Fond kochen. Wieder abgießen und abkühlen lassen. In eine Schüssel geben, die Kräuter dazugeben, Öl und Zitronensaft mischen und darüber gießen. Sofort servieren.

Kopfsalat

1 Kopfsalat oder irgendein anderer Blattsalat
einige Radieschen
100 g schwarze, entsteinte Oliven
einige Anschovis (nach Belieben)
3 Tomaten, geviertelt
1 Schalotte, fein gehackt
2 Esslöffel Schnittlauch, fein gehackt
2 Esslöffel Estragon, fein gehackt
4 Esslöffel Vinaigrette (Seite 89)
150 g Ziegenkäse, Feta oder Mozzarella

Alle Zutaten mischen. Zum Schluss den Käse über den Salat geben. Vor dem Servieren 30 Minuten lang im Kühlschrank kühlen.

Ananas-Gurken-Salat

300 g Gurke, geschält und dünn gehobelt
Salz
300 g frische Ananas, in Würfel geschnitten
2 Esslöffel fettarme Majonäse oder Sauerrahm mit Zitronensaft
einige eingelegte Borretschblätter, frische Borretschblüten oder Minzeblätter

Die Gurken in ein Sieb geben, mit Salz bestreuen und den Saft 45 Minuten ablaufen lassen. Das Salz abspülen und die Gurken ausdrücken. Mischen Sie Gurkenscheiben und Ananaswürfel in einer Schüssel, und stellen Sie sie 2 Stunden in den Kühlschrank. Vor dem Servieren restliches Wasser abgießen, die Majonäse hinzugeben und mit Borretsch oder Minze garnieren.

Warmer Spargel-Salat

1 kg frischer Spargel, geschält
Salz und Pfeffer
6 Esslöffel Olivenöl
2 Esslöffel Kerbel, fein gehackt
einige Kapern
gehobelter Parmesan
Balsamico-Essig

Geben Sie den Spargel in eine feuerfeste Form. Salzen und pfeffern, das Olivenöl darübergeben und im vorgeheizten Backofen bei 200 °C etwa 20 Minuten garen. Auf eine Servierplatte geben, mit Kerbel, Kapern, Parmesan bestreuen, den Balsamico-Essig darübergeben und warm servieren.

Petersilie-Zwiebel-Zitronen-Salat

Zu gegrilltem Fisch servieren.

2 Esslöffel Olivenöl
1 Bund Petersilie oder Kerbel, fein gehackt
1 große rote Zwiebel, fein geschnitten
2 Zitronen, geschält und gewürfelt
Salz und Pfeffer

Alle Zutaten mischen und kühlen. Auf Salatblättern servieren.

Rettich-Salat

1 oder 2 Rettiche (abhängig von der Größe), geschält, in Scheiben geschnitten
Salz zum Bestreuen
150 g Gruyère oder anderer Käse, fein gewürfelt
3 Esslöffel Vinaigrette (Seite 89)
2 Esslöffel frische Petersilie, fein gehackt
1 Schalotte, fein gehackt
1 Kopf Salat

Geben Sie den Rettich in ein Sieb, mit Salz bestreuen und den Saft 45 Minuten abtropfen lassen. Das Salz abspülen und die restliche Flüssigkeit ausdrücken. Mit dem Käse und der Vinaigrette mischen, Petersilie und Schalotte dazugeben und alles vermischen. Auf Salatblättern servieren.

Gurken-Salat

1 große Salatgurke, geschält und dünn gehobelt
Salz zum Bestreuen
2 Esslöffel frischer Kerbel oder Petersilie, fein gehackt
1 Schalotte, fein gehackt
100 g gekochter Schinken oder Putenfleisch, gewürfelt
4 Esslöffel Vinaigrette (Seite 89)
Salz und Pfeffer

Geben Sie die Gurkenscheiben in ein Sieb, mit Salz bestreuen und 45 Minuten abtropfen lassen. Das Salz abspülen, und die Gurken mit Kerbel oder Petersilie, Schalotte und Schinken oder Putenfleisch mischen. Die Vinaigrette darüber geben, mit Salz und Pfeffer abschmecken und vor dem Servieren kühlen.

Vorspeisen, Hauptgerichte und Beilagen

Wenn nicht anders angegeben, sind die folgenden Rezepte für 4 Personen berechnet. Verwenden Sie, wenn möglich, frische Produkte aus biologisch kontrolliertem Anbau.

VORSPEISEN

Taboulé *(unten)*

Kann als Vorspeise oder Hauptgericht serviert werden. Für ein Hauptgericht verdoppeln Sie die Bulgar-Menge und fügen Sie Oliven, eingelegte Zitronenscheiben, gewürfelte Gurke und hart gekochte, gehackte Eier hinzu.

120 g Bulgar oder Couscous
Salz und Pfeffer
10 Esslöffel Olivenöl
Saft 1 Zitrone
300 g Petersilie, fein gehackt
100 g Minze, fein gehackt
3 mittelgroße Schalotten oder Frühlingszwiebeln, gehackt
1/2 Kopfsalat und 2 Tomaten, gewürfelt

Weichen Sie den Bulgar 15 Minuten in warmem Wasser ein oder wie auf der Packung beschrieben. Im Sieb abtropfen lassen, gut ausdrücken. Den Bulgar in eine Schüssel geben, Salz, Pfeffer, Olivenöl und Zitronensaft hinzufügen. Nach einigen Minuten die Kräuter und die Schalotten oder Frühlingszwiebeln dazugeben. Im Kühlschrank 24 Stunden kühlen, auf den Salatblättern mit den Tomaten servieren.

Römische Artischocken

Einen Tag vorher zubereiten und kalt servieren.

50 g Petersilie, fein gehackt
1 Esslöffel Minze, fein gehackt
1 Knoblauchzehe, zerdrückt
Salz und Pfeffer
2 Esslöffel Olivenöl
4 mittelgroße oder 8 kleine Artischocken
Saft einer halben Zitrone
250 ml Olivenöl

Mischen Sie Petersilie mit Minze, Knoblauch, Salz, Pfeffer und 2 Esslöffeln Olivenöl. Artischocken waschen und die äußeren und mittleren Blätter entfernen. Schneiden Sie die Stiele ab, entfernen Sie das Heu, und füllen Sie die Artischocken mit der Kräutermischung. Geben Sie die Artischocken in einen großen, flachen Topf, bedecken Sie sie mit Salzwasser und 250 ml Olivenöl. Langsam zum Kochen bringen, dann in dem vorgeheizten Backofen bei 180 °C etwa 35 Minuten backen. Heiß servieren.

Avocado-Tartar *(rechts)*

Kann als Dip zu Karotten oder auf Toast serviert werden.

2 Avocados, geschält und entsteint
2 Schalotten, fein gehackt
1 Esslöffel Estragon, fein gehackt
1 Esslöffel Kerbel, fein gehackt
Saft einer halben Zitrone
Salz und Pfeffer

Alles pürieren und kalt servieren.

Hüttenkäse mit Brunnenkresse

Gut als Vorspeise oder Zwischenmahlzeit mit Toast.

1 Bund Brunnenkresse
1 Esslöffel Essig
250 g fettarmer Hüttenkäse
Salz und Pfeffer
1 Esslöffel Petersilie und Schalotte, fein gehackt

Waschen Sie die Brunnenkresse in einer Schüssel Wasser mit 1 EL Essig. Trocknen, fein hacken und mit dem Hüttenkäse vermischen. Mit Salz und Pfeffer abschmecken und Petersilie und Schalotte daruntergeben.

Tapenade aus grünen Oliven

Auf Toast, zu Eiern oder als Soße zu Nudeln servieren.

1 Knoblauchzehe, geschält
1 Esslöffel Estragon, fein gehackt
1 Esslöffel Petersilie, fein gehackt
1 oder 2 Anschovis, für 10 Minuten in Milch eingelegt
3 Esslöffel Olivenöl
Saft einer halben Zitrone
100 g kleine grüne Oliven, entsteint und fein gehackt
Salz und Pfeffer

Pürieren Sie alles im Mixer, und schmecken Sie mit Salz und Pfeffer ab.

Zucchini-Kuchen (links)

800 g Zucchini, grob geraspelt
1 Ei
3 Esslöffel Hüttenkäse oder Ricotta
Salz und Pfeffer
1 gelbe Paprika, fein gewürfelt
Tomatensoße (siehe folgendes Rezept)

Kochen Sie die Zucchini etwa 4 Minuten. Mischen Sie sie mit dem Ei, mit Hüttenkäse oder Ricotta, Salz und Pfeffer. Rühren Sie die gewürfelte Paprika darunter. Füllen Sie die Masse in 4 kleine Auflaufformen, und backen Sie sie im vorgeheizten Ofen bei 170 °C etwa 25 Minuten. Heiß mit Tomatensoße servieren.

Tomatensoße

Passt gut zu Zucchini-Kuchen (siehe Rezept oben).

4 reife Fleischtomaten, geviertelt
eine Prise Zucker
1 Teelöffel Tomatenmark
4 Esslöffel Olivenöl
Salz und Pfeffer

Pürieren Sie alles im Mixer oder mit dem Pürierstab, dann alles durch ein Sieb streichen. Passt zu Vorspeisen oder gegrilltem Fleisch.

HAUPTGERICHTE

Brennnessel-Risotto

Brennnesseln ernten siehe Seite 88. Sie können auch jungen Spinat verwenden.

2 mittelgroße Zwiebeln, in Scheiben geschnitten
2 Esslöffel Olivenöl
400 g Risotto-Reis
150 ml trockener Weißwein
1 Liter Gemüse- oder Hühnerfond
200 g Brennnesselspitzen
Salz und Pfeffer
115 g Parmesan, frisch gerieben
2 Esslöffel Kerbel oder Petersilie, fein gehackt

Die Zwiebeln etwa 10 Minuten im Olivenöl andünsten. Den Reis hinzugeben und weitere 2 Minuten dünsten. Den Wein dazugeben und köcheln, bis die Flüssigkeit aufgesogen ist. Die restlichen Zutaten hinzufügen und köcheln, bis der Reis gar ist. In der Zwischenzeit die Brennnesseln dünsten, grob hacken und zum Risotto geben. Nochmals 2 Minuten dünsten. Abschmecken, mit Parmesan, Kerbel oder Petersilie bestreut servieren.

Buchweizen mit Lauchsoße

Buchweizen gibt es grün oder geröstet. Grüner Buchweizen hat ein besseres Aroma. Kochen Sie ihn separat, und rühren Sie ihn beim Kochen ständig um.

500 g grüner Buchweizen
1 Liter Wasser
4 große Lauchstangen, geschnitten
3 geschlagene Eier
Salz und Pfeffer

Für die Soße:
die Hälfte des gekochten Lauchs
150 ml Sahne, Sojamilch, Hüttenkäse oder Jogurt
3 Esslöffel Kerbel oder Petersilie, geschnitten
Salz und Pfeffer
Zitronensaft zum Abschmecken

Bringen Sie den Buchweizen in 1 Liter Wasser zum Kochen. Dann bedeckt 15–20 Minuten köcheln lassen, bis er gar ist. Die Flüssigkeit wird ganz aufgesogen, der Weizen ist locker und flockig. Kochen Sie den Lauch etwa 10 Minuten, dann halbieren. Geben Sie die Hälfte des Lauchs auf den Buchweizen, darüber die Eimasse. Abschmecken und in einer ausgefetteten, feuerfesten Form im vorgeheizten Ofen bei 180 °C etwa 20 Minuten backen. In der Zwischenzeit den restlichen Lauch mit Sahne, Sojamilch, Hüttenkäse oder Jogurt und den Kräutern pürieren. Mit Zitronensaft abschmecken. Vorsichtig erhitzen und mit dem Buchweizen servieren.

Geräucherter Lachs mit Auberginensoße

3 große Auberginen
6 Esslöffel Olivenöl
Salz und Pfeffer
2 Esslöffel Basilikum, fein gehackt
4 geräucherte Lachsfilets

Stechen Sie die Auberginen mit einer Gabel rundherum ein, und grillen Sie sie im vorgeheizten Ofen auf höchster Stufe, bis die Haut vollständig verbrannt ist. Nach dem Abkühlen die Haut abziehen. In ein Sieb geben und mit Hilfe eines kleinen Tellers ausdrücken, damit kaum Flüssigkeit zurückbleibt. Auberginen in einen Mixer geben und langsam das Öl dazugeben, bis eine cremige Soße entsteht. Mit Salz und Pfeffer abschmecken, Basilikum dazugeben. Im vorgeheizten Grill auf höchster Stufe den Lachs auf jeder Seite 5 Minuten grillen. Mit Auberginensoße servieren.

Gefüllte Paprika *(unten)*

225 ml Salzwasser
115 g Basmati-Reis, gewaschen
2 grüne Paprika
2 rote Paprika
1 große Tomate, klein gehackt
1 Esslöffel Estragon, gehackt
100 g grüne und/oder schwarze Oliven, entsteint und klein geschnitten
1 Knoblauchzehe, zerdrückt
1 Teelöffel Öl oder Butter
Salz und Pfeffer

Bringen Sie den Reis im Salzwasser zum Kochen, etwa 20 Minuten köcheln lassen, bis alle Flüssigkeit absorbiert ist. Schneiden Sie die Spitzen der Paprika ab, und entfernen Sie Innenwände und Kerne. Rühren Sie die restlichen Zutaten unter den Reis, füllen Sie die Paprika mit dem Reis und setzen Sie die Spitzen wieder auf. In eine ausgefettete, feuerfeste Form geben und bedeckt im vorgeheizten Ofen bei 180 °C etwa 35–40 Minuten backen.

Buchweizenpfannkuchen mit Feldchampignons

Für die Füllung:
2 Esslöffel Pflanzenöl
1 große Zwiebel, fein gehackt
2 große Knoblauchzehen, zerdrückt
1 Teelöffel Paprikapulver
675 g braune Champignons, klein geschnitten
1 rote Paprika, entkernt, klein geschnitten
150 ml Rotwein
4 große Salbeiblätter, grob gehackt
3 Esslöffel Petersilie, fein gehackt
Salz und Pfeffer

Für die Pfannkuchen:
225 g Buchweizenmehl
1 Teelöffel Salz
1 großes Ei
1/2 Liter Wasser
Öl zum Braten

Dünsten Sie Zwiebeln und Knoblauch etwa 10 Minuten im Öl an. Paprikapulver und Pilze dazugeben und umrühren. Wein und Paprika hinzufügen und 10 Minuten köcheln lassen, bis die Flüssigkeit verdunstet ist. Kräuter dazugeben, abschmecken und warm stellen. Mehl mit Salz in eine Schüssel geben, in die Mitte eine Mulde machen. Das Ei in die Mulde geben, alles langsam durchrühren, dabei das Wasser langsam zugießen. Im Kühlschrank 30 Minuten ruhen lassen, auch über Nacht möglich. Geben Sie etwas vom Teig in eine heiße, ausgefettete Pfanne, und lassen Sie den Pfannkuchen auf jeder Seite 3–4 Minuten braten, bis er leicht braun ist. Auf jeden Pfannkuchen etwas Pilzfüllung geben, aufrollen und servieren.

Spiralnudeln mit Pesto

Für das Pesto:
5 Knoblauchzehen
15 große Basilikumblätter (oder mehr)
50 g Pinienkerne
Salz und Pfeffer
100 g Parmesan, gerieben
100 ml Olivenöl
500 g Spiralnudeln

Pürieren Sie alle Zutaten für das Pesto zu einer cremigen Masse. Bringen Sie einen großen Topf mit Salzwasser zum Kochen, geben Sie die Nudeln hinzu. Nochmal aufkochen lassen und unbedeckt etwa 12 Minuten köcheln lassen, bis die Nudeln bissfest sind. Gießen Sie das Kochwasser nicht ganz ab. Ein wenig Flüssigkeit hilft, dass sich das Pesto mit den Nudeln gut vermischt. Sofort servieren.

Kräuterlauch mit Polenta

4 Stangen Lauch, grob geschnitten
4 Eier
2 Esslöffel Olivenöl
2 Esslöffel Schnittlauch, Kerbel, Petersilie oder Estragon, gehackt
4 Zitronenschnitze

Für die Polenta:
250 g Polenta-Maisgrieß
200 ml Sojasahne
1–2 Esslöffel Chilisoße
200 g Parmesan
Salz und Pfeffer

Lauch längs halbieren, unter kaltem Wasser gut abspülen und in Salzwasser garen, bis er weich ist. Zwischenzeitlich Eigelb und Eiweiß trennen und mit einer Gabel durchschlagen. Kochen Sie den Maisgrieß nach Packungsvorschrift, und geben Sie die Sahne, Chilisoße und den Käse hinzu. Mit Salz und Pfeffer abschmecken. Geben Sie die Polenta auf eine vorgewärmte Platte, den Lauch, das geschlagene Eiweiß und -gelb darüber-geben, warm halten. Erhitzen Sie das Olivenöl und geben Sie die Kräuter dazu. Etwa 30 Sekunden rösten, dann über den Lauch geben. Mit Zitronenschnitzen sofort servieren.

Lammfleisch mit Spinat und Linsen

Für Vegetarier kann dieses Rezept auch mit Reis anstelle von Lammfleisch serviert werden.

225 g braune Linsen, über Nacht eingeweicht
1 große Knoblauchzehe
500 g frischer Spinat, in Streifen geschnitten
1 Esslöffel Pflanzenöl
½ Teelöffel gemahlener Koriander
½ Teelöffel gemahlener Kümmel
Salz und Pfeffer
4 Esslöffel Olivenöl
2 Esslöffel Korianderblätter, fein gehackt
2 Esslöffel Jogurt
2 Lammfilets
Öl zum Braten

Linsen mit Knoblauch etwa 15 Minuten kochen, bis sie gar sind. Den Spinat im Pflanzenöl kurz braten, bis die Flüssigkeit verdampft ist. Spinat, Koriander, Kümmel, Gewürze und Olivenöl zu den Linsen geben. Kurz vor dem Servieren die Korianderblätter und den Jogurt dazugeben. In einer Pfanne die Lammfilets von jeder Seite etwa 12 Minuten anbraten, bis sie leicht braun sind. In große Streifen schneiden und auf den Linsen und dem Spinat anrichten.

Polenta mit Basilikum-Tomaten-Soße *(oben)*

Für die Soße:
1 mittelgroße Zwiebel, gehackt
2 Esslöffel Olivenöl
500 g Tomaten
eine Hand voll Basilikumblätter, gehackt

Für die Polenta:
1½ Liter Wasser
1 Teelöffel Salz
375 g Polenta-Maisgrieß
100 g Butter
200 g Parmesan
Salz und Pfeffer

Zwiebel in Olivenöl andünsten. Tomaten kurz mit kochendem Wasser überbrühen, enthäuten und zu den Zwiebeln geben. Etwa 30–40 Minuten köcheln lassen, Basilikum hinzufügen und vom Feuer nehmen. Salzwasser zum Kochen bringen, Maisgrieß hineinrühren und auf schwacher Hitze 10 Minuten kochen lassen, ständig umrühren. Butter und Parmesan dazugeben, und die Masse in eine rechteckige, flache Form füllen, glatt streichen. Nach dem Auskühlen in Scheiben schneiden und unter dem Grill kurz rösten. Mit Basilikum-Tomatensoße servieren.

Hühnerbrust mit Selleriebrei *(unten)*

4 enthäutete Hühnerbrüste
Pfeffer
4 große Salat-, Spinat- oder Sauerampferblätter
8 Scheiben geräucherter, durchwachsener Speck
Öl zum Braten

Für den Brei:
1 Sellerieknolle, geschält und geschnitten
die gleiche Menge Kartoffeln, geschält und geschnitten
etwas heiße Milch
Olivenöl oder Butter zum Abschmecken
Salz und Pfeffer

Hühnerbrüste längs einschneiden und wie ein Buch aufklappen. Innenseiten pfeffern und mit dem Salat- oder Spinatblatt bedecken. Zusammenklappen und in 2 Scheiben geräucherten Speck einwickeln. Mit einem Zahnstocher zusammenstecken, kühl stellen. Sellerie und Kartoffeln getrennt kochen, bis sie gar sind. Kochwasser abgießen und Sellerie und Kartoffeln zusammengeben. Mit einem sauberen Geschirrtuch bedecken, damit der Dampf abziehen kann. Zu einem Brei zerstampfen, etwas heiße Milch, Olivenöl oder Butter dazugeben, abschmecken und warm halten. In einer Pfanne Öl erhitzen und die Hühnerbrüste rundherum etwa 12 Minuten anbraten, bis sie leicht braun sind und der austretende Saft klar ist. Mit dem Selleriebrei servieren.

Löwenzahn-Speck-Kartoffel-Kuchen

Anstelle von Speck kann auch geräucherter Schinken verwendet werden. Dazu passt sehr gut ein Grüne-Bohnen-Salat (Seite 91).

115 g geräucherter, durchwachsener Speck, entschwartet und klein geschnitten
1 Esslöffel Pflanzenöl
500 g junge Löwenzahnblätter (Brunnenkresse oder Salat)
2 Knoblauchzehen
2 Esslöffel Weißwein-Essig
500 g Kartoffeln, gekocht und zerstampft
2 Esslöffel Mehl
1 großes Ei
Öl zum Braten

Den Speck in einer großen Pfanne in Öl anbraten, herausnehmen und beiseite stellen. Löwenzahn, Brunnenkresse oder Salat mit dem Knoblauch in die Pfanne geben, etwa 12 Minuten bei schwacher Hitze dünsten. Knoblauch entfernen, Weißwein-Essig dazugeben und weiter köcheln lassen, bis die Flüssigkeit ganz verdunstet ist. Das Blattgemüse mit dem Speck unter den Kartoffelbrei rühren, Ei und Mehl dazugeben und alles gut durchrühren. Mit bemehlten Händen 4 große oder 8 kleine runde Kuchen formen und in Öl auf beiden Seiten goldbraun braten. Heiß servieren.

Kürbis-Strudel

3 Esslöffel Olivenöl
2 rote Zwiebeln, fein gehackt
800 g Kürbis, klein geschnitten
2 Knoblauchzehen, zerdrückt
1 Lorbeerblatt
getrockneter oder frischer Thymian
Salz und Pfeffer
1 x 400 g Blätterteig, aufgetaut
Olivenöl
1 geschlagenes Ei
115 g Parmesan, frisch gerieben
55 g Semmelbrösel

Öl in einer großen Pfanne erhitzen, Zwiebeln dazugeben und etwa 10 Minuten dünsten. Kürbis, Knoblauch, Lorbeerblatt, Thymian dazugeben, salzen und pfeffern. Bedeckt bei schwacher Hitze kochen lassen. Falls der Kürbis droht anzubrennen, etwas Wasser zugeben. Auskühlen lassen. Die Blätterteigscheiben überlappend aneinander legen und mit dem Öl bestreichen. Die Kürbismasse darauf verteilen, jeweils 5 cm bis zum Rand freilassen. Aufrollen und die Enden einschlagen. Auf ein mit Backpapier ausgelegtes Blech legen, mit geschlagenem Ei bestreichen und mit Parmesan und Semmelbröseln bestreuen. Im vorgeheizten Ofen bei 200 °C etwa 20 Minuten backen, bis der Strudel goldbraun ist. Sofort servieren.

Hühner-Hirse-Gerste-Sellerie-Pilau

Für ein Meeresfrüchte-Pilau verwenden Sie statt Hühnerfleisch Krabben, Tintenfisch und Muscheln.

4 Hühnerbrüste, enthäutet
1 große Knoblauchzehe, zerdrückt
8 Esslöffel Olivenöl
Salz und Pfeffer
200 g Hirse
500 g Sellerie, geschält, in dünne Scheiben geschnitten
200 g Gerste, über Nacht eingeweicht
150 ml Pesto (siehe Seite 98)
Pfeffer
8 große Basilikumblätter

Hühnerbrüste etwa 2 Stunden im Öl mit Knoblauch, Salz und Pfeffer marinieren. Hirse in der doppelten Menge Wasser etwa 10 Minuten bissfest garen. Inzwischen Sellerie zusammen mit der Gerste etwa 15 Minuten kochen, bis beides gar ist. Sellerie, Gerste und Hirse mischen, mit Pesto und Pfeffer abschmecken, warmstellen. In einer großen Pfanne die Hühnerbrüste in der Marinade auf beiden Seiten etwa 6 Minuten braten, in Streifen schneiden und unter das Pilau mischen. Mit Basilikumblättern garniert servieren.

Würzspinat mit Pflaumen und Bohnen

Dem Couscous können nach Wunsch Zimt, gehackte Mandeln, Rosinen und gehackte Petersilie beigegeben werden. Anstelle von Couscous kann auch Basmati-Reis verwendet werden.

1 Esslöffel Öl
1 rote Zwiebel, gehackt
125 g Bohnen, über Nacht eingeweicht
1/2 Teelöffel Kurkuma
1 Teelöffel Zimt
Pfeffer
350 ml Wasser
125 g Trockenpflaumen
1 kg junger Spinat
225 g Couscous

Zwiebeln im Öl in einer großen Pfanne etwa 10 Minuten andünsten. Bohnen abgießen und mit Kurkuma, Zimt und Pfeffer dazugeben. Wasser angießen und bedeckt köcheln lassen. Wenn die Bohnen zu Dreivierteln gar sind (etwa nach 30 Minuten), die Pflaumen und den Spinat in kleineren Mengen hinzufügen. Weitere 10 Minuten kochen lassen. Den Coucous nach Packungsanweisung zubereiten und mit dem Spinat servieren.

Heilbuttsteak mit Brennnesselbutter

Anstelle von Brennnesseln kann auch Sauerampfer verwendet werden.

150 g junge Brennnesselblätter
150 g ungesalzene, weiche Butter
4 Esslöffel Weißwein
4 Esslöffel Salzwasser oder Fischfond
1 Lorbeerblatt
Saft einer halben Zitrone
4 Heilbuttsteaks
Salz und Pfeffer

Brennnesselblätter etwa 8 Minuten dünsten, bis sie zusammengefallen sind. Trocken tupfen und mit der Butter pürieren. Mit Salz und Pfeffer abschmecken und in Butterbrotpapier zu einer Rolle formen, im Kühlschrank kaltstellen. In einer großen, flachen Form Salzwasser oder Fischfond zum Kochen bringen. Lorbeerblatt und Zitronensaft zufügen, und die Heilbuttsteaks auf jeder Seite etwa 5 Minuten dünsten. Mit der in Scheiben geschnittenen Butter servieren.

Rote Meerbarbe mit rohem Spinatsalat *(links)*

½ kg junger Spinat
6 große Champignons, in Scheiben geschnitten
einige Raukeblätter (nach Wunsch)
Salz und Pfeffer
3 Esslöffel Vinaigrette (Seite 89)
3 Esslöffel Öl
8 rote Meerbarbenfilets
Kerbel und Schnittlauch, gehackt

Stängel vom Spinat entfernen, Spinat in eine Salatschüssel geben, Pilze und Rauke hinzugeben, salzen und pfeffern. Mit Vinaigrette übergießen. In einer großen Pfanne Öl erhitzen, und die Meerbarbenfilets auf jeder Seite etwa 5 Minuten dünsten. Den Fisch auf dem Salat anrichten und mit Kerbel und Schnittlauch bestreuen.

BEILAGEN

Zwiebeln in Cider (Apfelmost) *(unten rechts)*

4 Esslöffel Öl
10 mittelgroße Zwiebeln
25 ml trockener Cider
1 Zweig Rosmarin
2 Lorbeerblätter
Salz und Pfeffer
Dazu: gebratene Zucchini

In einer heißen großen Pfanne die Zwiebeln langsam im Öl braten, bis sie rundherum braun sind. Cider, Rosmarin, Lorbeerblätter hinzufügen, salzen und pfeffern und langsam köcheln lassen, bis die Zwiebeln gar sind. Sie sollten aber ihre Form behalten. Zwiebeln herausnehmen, und die Flüssigkeit bei starker Hitze einkochen, bis sie sirupartig ist. Soße über die Zwiebeln geben und mit Zucchini servieren.

Gedünstete Schalotten

Als Beilage servieren oder um Soßen anzudicken.

300 g Schalotten, geschält
½ Teelöffel Zimt

Schalotten dünsten und mit Zimt pürieren.

Reis mit Gurkenbällchen

500 ml Salzwasser
250 g brauner Reis, gewaschen
1 Salatgurke
30 g Butter
1 Schalotte, fein gehackt
1 Esslöffel Koriander oder Petersilie, fein gehackt

Wasser in einem großen Topf zum Kochen bringen, Reis einrühren und bedeckt etwa 20 Minuten bei schwacher Hitze kochen lassen. Gurke der Länge nach durchschneiden und mit einem Melonenportionierer so viele Bällchen wie möglich herausstechen. Bällchen in kochendem Wasser 2 Minuten blanchieren, abgießen und mit kaltem Wasser abschrecken. In einer Pfanne Butter schmelzen, Schalotte und Gurkenbällchen dazugeben und anbraten, bis sie Farbe annehmen. Den Reis hinzufügen und mit Koriander oder Petersilie bestreuen.

Kartoffel-Brunnenkresse-Brei

500 g Kartoffeln, geschält und geschnitten
300 g Brunnenkresse, harte Stiele entfernt
1 Esslöffel Butter oder Sahne
eine große Prise Muskatnuss
Salz und Pfeffer

Kartoffeln in Salzwasser kochen, abgießen und zu Brei stampfen. Brunnenkresse und Butter oder Sahne pürieren und zum Kartoffelbrei geben. Alles durchrühren, mit Muskatnuss, Salz und Pfeffer abschmecken.

Sellerie mit Wein und Kräutern

1 große oder 2 kleine Sellerieknollen
75 ml Weißwein
75 ml Wasser
4 Esslöffel Olivenöl
2 Esslöffel Petersilie, fein gehackt
2 Esslöffel Estragon, fein gehackt
Salz und Pfeffer
Zitronensaft

Sellerie schälen, waschen und in kleine Stücke schneiden. In kochendem Salzwasser etwa 4–6 Minuten kochen, abgießen (das Kochwasser als Suppengrundlage aufbewahren) und in eine ausgefettete, feuerfeste Form geben. Wein und Wasser 1 Minute aufkochen und über den Sellerie geben. Olivenöl hinzufügen und 20 Minuten bei 170 °C backen. Mit Zitronensaft beträufeln und mit den Kräutern bestreuen.

Schwarzwurzeln

Schwarzwurzeln halten sich mehrere Tage im Kühlschrank und passen zu allen Hauptgerichten.

1 1/2 Liter kaltes Wasser
1 Esslöffel Mehl
3 Esslöffel Essig
10 g Salz
1 kg frische Schwarzwurzeln oder aus der Dose
Olivenöl
1 Esslöffel Petersilie, fein gehackt

Bringen Sie Wasser, Mehl, Essig und Salz zum Kochen. Die Schwarzwurzeln dazugeben und bedeckt etwa 20 Minuten kochen lassen, bis sie gar sind. Abkühlen und im Kochwasser im Kühlschrank aufbewahren. Vor dem Servieren kurz in Olivenöl andünsten und mit Petersilie bestreuen.

Rosenkohl mit Esskastanien

600 g Esskastanien
1 Liter Fleisch- oder Gemüsefond
750 g Rosenkohl, geputzt
100 g gewürfelter Speck
1 Esslöffel Pflanzenöl

Mit einem scharfen Messer die Kastanien kreuzweise einschneiden. In einen Topf geben, mit kaltem Wasser bedecken, zum Kochen bringen und etwa 2 Minuten kochen lassen. Abgießen und schälen. Die geschälten Kastanien im Fond etwa 30 Minuten kochen. Zwischenzeitlich den Rosenkohl etwa 15 Minuten in Salzwasser kochen. In einer Pfanne den Speck ausbraten, das Fett abgießen und Kastanien und Rosenkohl dazugeben. Alles gut mischen und noch einmal 4 Minuten dünsten. Abschmecken und servieren.

Bohnen mit Karotten und Zwiebeln

Dies ist eine ausgezeichnete Beilage zu Würstchen oder rotem Fleisch.

200 g Zwiebeln, in Scheiben geschnitten
200 g Karotten, gewürfelt
3 Knoblauchzehen
150 ml Olivenöl oder 30 g Butter
1 kg Trockenbohnen, über Nacht eingeweicht
Bouquet garni (aus Lorbeer, Thymianzweigen, Petersilie und Nelke)
Salz und Pfeffer

Zwiebeln, Karotten und Knoblauch in Olivenöl oder Butter etwa10 Minuten anbraten. Die Bohnen dazugeben und weitere 3 Minuten braten, mit Wasser bedecken und zum Kochen bringen. Das Bouquet garni dazugeben und bedeckt 1 1/2 Stunden köcheln lassen, bis die Bohnen gar sind. Mit Salz und Pfeffer abschmecken.

Fenchel mit Wein

Passt gut zu geräuchertem Fisch oder kaltem Fleisch.

800 g Fenchel
300 ml Weißwein
2 Lorbeerblätter
1 Zimtstange oder 1/2 Teelöffel gemahlenen Zimt
einige grob gemahlene schwarze Pfefferkörner
30 g Pistazien, geschält
2 Anschovisfilets (nach Wunsch)
1 Teelöffel Zucker
eine Prise Muskatnuss
3 Esslöffel Olivenöl
1 Esslöffel Essig
Saft und Schale einer halben Zitrone

Fenchel vierteln und in Scheiben schneiden. Zusammen mit Weißwein, Lorbeer, Zimt, Pfefferkörnern in einen Topf geben und mit Wasser bedecken. Zum Kochen bringen und bedeckt köcheln lassen, bis der Fenchel gar ist. Abgießen und in eine Servierform geben. Pistazien, Anschovis, Zucker, Muskatnuss, Öl, Essig und Zitrone pürieren und über den Fenchel verteilen. Mit Folie verschließen und 24 Stunden im Kühlschrank aufbewahren. Bei Zimmertemperatur servieren.

Erbsen mit Speck

100 g magerer Speck in Streifen oder gewürfelt
500 g frische oder tiefgefrorene Erbsen
150 ml Gemüsefond
Rauke, fein gehackt
schwarzer Pfeffer

In einer Pfanne den Speck goldbraun braten. Fett abgießen und beiseite stellen. Erbsen mit dem Gemüsefond pürieren und in die Pfanne geben. Erhitzen, den Speck dazugeben und mit Rauke bestreuen. Etwas Pfeffer drübergeben.

Kartoffeln mit Kräutersoße

Für die Soße:
ein Bund (5 oder 6 Zweige) Petersilie, fein gehackt
ein Bund (5 oder 6 Zweige) Kerbel, fein gehackt
2 Esslöffel Estragon, fein gehackt
4 Anschovisfilets (nach Wunsch), fein gehackt
1 Ei, hart gekocht und fein gehackt
2 kleine Schalotten, fein gehackt
eine Prise schwarzer Pfeffer
3 Esslöffel Olivenöl
1 Esslöffel Weißwein-Essig
1 Esslöffel Weißwein
16 kleine neue Kartoffeln, gekocht
2 Teelöffel frische oder eingelegte Kapern

Alle Zutaten für die Soße pürieren, den Wein vorher kurz aufkochen lassen. Die gekochten Kartoffeln noch heiß in Scheiben schneiden und in eine Servierform geben. Die Soße vorsichtig kurz erwärmen und über die Kartoffeln gießen. Kapern darüber streuen und servieren.

Grüne Bohnen mit Dijon-Senf *(rechts)*

1 kg Grüne Bohnen
150 g Sahne oder Jogurt
Saft einer kleinen Zitrone
1 Esslöffel Dijon-Senf
100 g gehackte, geröstete Haselnüsse
Salz und Pfeffer

Bohnen bissfest kochen. Abgießen und mit kaltem Wasser abschrecken. Sahne oder Jogurt mit Zitronensaft und Senf in einer Schüssel mischen, die Bohnen dazugeben. Alles vorsichtig verrühren und mit den gerösteten Haselnüssen bestreuen. Vor dem Servieren kühlen.

Scharfe Kardamomsoße

Eignet sich gut als Gewürz zu Suppen und Eintöpfen.

1 Teelöffel schwarze Pfefferkörner
1 Teelöffel Kümmel
4 Kardamomschoten
4 getrocknete Chilies
1 ganze Knoblauchknolle, geschält
ein Bund Korianderblätter, Stängel entfernt

Alle Zutaten pürieren und nach Wunsch verwenden.

Meerrettichsoße

Verändern Sie die Mengen nach Geschmack.

20 g Schalotten, fein gehackt
5 g gemahlener schwarzer Pfeffer
50 g Salz
200 g Senfpulver
1 getrocknete rote Chili, gemahlen
60 g frischer Meerrettich, geraspelt
1 Teelöffel Muskatnuss, gerieben
125 ml Essig
50 ml trockener Weißwein
etwas Gemüsefond

Alle Zutaten zu einer Paste pürieren. Ist sie zu trocken, etwas Gemüsefond dazugeben. Wenn Sie die Schärfe mildern wollen, alle Zutaten vorher 5 Minuten kochen. Kühl aufbewahren.

Desserts

Die folgenden Rezepte sind, falls nicht anders beschrieben, für 4 Personen berechnet. Wenn möglich kaufen Sie Produkte aus biologisch kontrolliertem Anbau. Waschen, schälen und entkernen Sie die Früchte sorgfältig.

Wassermelone mit Sommerfrüchten (rechts)

1 kleine Wassermelone
Brombeeren *
Himbeeren *
Erdbeeren *
zerstoßenes Eis
Zucker
2 Esslöffel Orangenblütenwasser

* Nehmen Sie je ein Viertel vom Gewicht der Wassermelone.

Schneiden Sie einen Deckel von der Wassermelone, und holen Sie das Fruchtfleisch mit einem Löffel heraus. Entfernen Sie die Samen und schneiden Sie das Fleisch in nicht zu kleine Würfel. Mischen Sie es mit den anderen Früchten und etwas zerstoßenem Eis. Füllen Sie nun alle gemischten Früchte in die leere Schale der Melone. Geben Sie etwas Zucker und das Orangenblütenwasser darüber. Alternativ können Sie die Früchte auch in kleinen Portionsschalen servieren.

Bananen-Dattel-Salat

5 reife Bananen, geschält und in Scheiben geschnitten
250 g frische Datteln, entkernt und klein geschnitten
300 ml Biogurt
geröstete, gehackte Nüsse

Geben Sie die Bananen und Datteln in abwechselnden Lagen in Glasportionsschalen. Zum Schluss wird der Biogurt darüber gegeben. Lassen Sie das Dessert über Nacht im Kühlschrank stehen, und servieren Sie es am nächsten Tag mit den darüber gestreuten gerösteten Nüssen.

Litschi-Frucht-Salat

200 g Litschis, entkernt und geschält
200 g Mandarinen
6–8 Kumquats, geschnitten
2 Esslöffel Orangenblütenwasser
2 Gläser zerstoßenes Eis aus Jasmin-Tee

Geben Sie alle Zutaten in eine Schüssel, und beträufeln Sie den Salat mit dem Orangenwasser. Dann das Eis darüber verteilen und sofort servieren.

Melone mit Minze

2 Esslöffel Zucker
2 Esslöffel Wasser
3 Esslöffel frische Minzeblätter
Saft einer halben Zitrone
1 reife gekühlte Honigmelone
einige Stücke kandierter Ingwer

Lösen Sie den Zucker auf kleiner Flamme im Wasser auf. Bringen Sie die Flüssigkeit zum Kochen, und fügen Sie Minze und Zitronensaft hinzu. Abkühlen lassen. Schneiden Sie die Melone in kleine Stücke, geben Sie sie in eine Glasschale. Mit dem Sirup übergießen und mit Ingwer bestreuen.

Kürbis in Sirup

1 mittelgroßer Kürbis
750 g Zucker
1/2 Liter Wasser
geröstete Walnüsse und Mandeln, gehackt

Schneiden Sie den Kürbis in 8 Spalten, entfernen Sie die Samen, die Schale und die inneren Pflanzenfasern. Lösen Sie den Zucker im Wasser auf, und bringen Sie die Flüssigkeit zum Kochen. Der Kürbis wird hinzugefügt und etwa 20 Minuten gekocht, bis er weich ist. Abkühlen lassen und mit den gerösteten Nüssen bestreut servieren.

Rhabarber-Ingwer-Kuchen

Für den Teig:
225 g Mehl
eine Prise Salz
110 g Butter
3 Esslöffel eiskaltes Wasser

Für die Füllung:
500 g frischer gewaschener Rhabarber
100 g brauner Zucker
5-cm-Stück Ingwerwurzel, geschält und geraspelt oder 1 Teelöffel geriebene Zitronen- oder Orangenschale
1 Esslöffel Zitronensaft
frische Sahne oder Biogurt

Kneten Sie alle Zutaten für den Teig gut durch, und stellen Sie ihn für 30 Minuten in den Kühlschrank. Anschließend den Teig in eine 25 cm-Tortenbodenform füllen und andrücken. Schneiden Sie nun den Rhabarber in 1,5 cm lange Stücke und verteilen Sie ihn auf dem Tortenboden. Streuen Sie den Zucker darüber, und geben Sie den Ingwer oder die geriebene Zitronenschale dazu. Backen Sie den Kuchen im vorgeheizten Backofen bei 180°C etwa 35 Minuten. Servieren Sie ihn mit frischer geschlagener Sahne oder Biogurt.

Obstsalat mit Zitronenmelisse

100 g Erdbeeren
100 g Brombeeren
100 g Heidelbeeren
100 g Rote Johannisbeeren
3 Äpfel, geschält, entkernt, in Scheiben geschnitten und mit Zitronensaft beträufelt
100 g Zucker
75 ml Wasser
150 ml Schaumwein
2 Esslöffel Zitronensaft
10 Blätter Zitronenmelisse, gehackt

Mischen Sie die Früchte in einer Schale. Lösen Sie den Zucker auf kleiner Hitze im Wasser auf, fügen Sie Wein und Zitronensaft hinzu. Köcheln Sie die Flüssigkeit zu einem Sirup. Abkühlen lassen und über die Früchte gießen, mit den Zitronenmelisseblättern dekorieren. Vor dem Servieren 2 Stunden kühlen.

Johannisbeeren mit Himbeersoße

250 g Rote Johannisbeeren
250 g Weiße Johannisbeeren
250 g Himbeeren
100 g Zucker
frische Minzeblätter
Sahne oder Biogurt

Mischen Sie die Johannisbeeren, und füllen Sie sie in Portionsschälchen. Pürieren Sie die Himbeeren, und kochen Sie sie auf mittlerer Hitze 2 Minuten, passieren Sie sie durch ein Sieb, und lösen Sie den Zucker auf kleiner Flamme in der Soße auf. Geben Sie die Soße noch warm auf die Johannisbeeren, und garnieren Sie das Dessert mit den frischen Minzeblättern. Mit geschlagener Sahne oder Biogurt servieren.

Frisches Minze-Sorbet (links)

200 g Zucker
300 ml Wasser
3 Esslöffel frische Minzeblätter, gewaschen und getrocknet
Saft von 2 Zitronen
1 Eiweiß
Minzeblätter zum Garnieren

Lösen Sie den Zucker auf kleiner Hitze vollständig im Wasser auf. Lassen Sie die Flüssigkeit köcheln, bis sie zum Sirup wird. Hacken Sie die Minze sehr fein, und geben Sie sie zu dem etwas abgekühlten Sirup. Das Ganze sollte 1 Stunde ziehen. Seihen Sie alles durch ein Sieb, fügen Sie den Zitronensaft hinzu, und frieren Sie die Masse ein. Brechen Sie das Eis in Stücke, und zerkleinern Sie es im Mixer zu einer halbgefrorenen Masse. Schlagen Sie nun das Eiweiß ganz steif und heben Sie es vorsichtig darunter. Mit frischen Minzeblättern garniert servieren.

Birnen mit Kräutern

1 Liter kochendes Wasser
1 Hand voll Lindenblüten
2 Esslöffel getrocknete Minze
2 Sternanis
abgeriebene Schale 1 Orange
4 große Birnen
Zucker nach Geschmack
Trockenfrüchte wie Aprikosen, Sultaninen oder Pflaumen
geröstete Nüsse

Geben Sie das kochende Wasser über Lindenblüten, Minze, Anis, Orangenschale, und lassen Sie alles 30 Minuten ziehen. Seihen Sie die Flüssigkeit durch ein Sieb, und kochen Sie die Birnen darin, bis sie weich sind. Nehmen Sie die Birnen heraus, und kochen Sie die Flüssigkeit bis auf die Hälfte ein, mit Zucker abschmecken. Fügen Sie die getrockneten Früchte hinzu, und geben Sie den Saft über die Birnen. Etwas abkühlen lassen, und vor dem Servieren mit gerösteten Nüssen bestreuen.

Herbstliches Fruchtkompott

1 kg Äpfel, geschält, entkernt und grob geschnitten
1 kg Birnen, geschält, entkernt und grob geschnitten
500 g blaue Trauben, entkernt
Saft und geriebene Schale 1 Zitrone oder 1 Esslöffel geriebener Ingwer
1 Nelke
1/2 Teelöffel Zimt
eine Prise Muskatnuss
150 ml Wasser
Sahne oder Biogurt

Geben Sie alle Zutaten, bis auf die Sahne oder den Biogurt, in einen großen Topf, und kochen Sie die Früchte auf kleiner Flamme 25 Minuten, bis alle Früchte gar sind. In eine Glasschüssel füllen und abkühlen lassen. Mit geschlagener Sahne oder Biogurt servieren.

Gebackene Papaya mit Ingwer

3 Papayas, halbiert und entsteint
60 g Butter
5 kleine Stücke eingelegter Ingwer, gehackt
Saft und abgeriebene Schale einer Limette
1 Esslöffel Ingwersirup
brauner Zucker oder Honig zum Abschmecken

Legen Sie die Papayas in eine eingefettete, feuerfeste Form. Verrühren Sie die Butter, den Ingwer und die Hälfte vom Limettensaft und der abgeriebenen Schale. Füllen Sie die Mischung in die Papaya-Hälften. Geben Sie den restlichen Limettensaft und den Ingwersirup darüber. Zum Schluss wird der braune Zucker darüber gestreut. Backen Sie das Gericht im vorgeheizten Ofen bei 180°C bis die Papayas weich sind. Gelegentlich mit dem Saft übergießen. Auf Wunsch vor dem Servieren mit Honig überziehen.

Frische Feigen mit Himbeer-Hüttenkäse *(links)*

12 Feigen
150 g Himbeeren
100 g Hüttenkäse
1 Esslöffel Zucker
3 Esslöffel Biogurt

Vierteln Sie die Feigen. Pürieren Sie die Himbeeren im Mixer, und verrühren Sie sie mit dem Hüttenkäse und dem Biogurt. Geben Sie diese Mischung über die Feigen. Vor dem Servieren kühlen.

Gekochte Aprikosen mit Kardamom *(rechts)*

4 Kardamomkapseln
600 ml Wasser
100 g brauner oder weißer Zucker
geriebene Schale von 1 Zitrone
10 Aprikosen, entsteint
Orangensaft zum Abschmecken
geröstete, gehackte Nüsse

Zerstoßen Sie die Kardamomkapseln mit einem Nudelholz, und füllen Sie das Granulat in ein dünnes Stoffsäckchen. Bringen Sie Wasser, Zucker und Zitronenschale zum Kochen und fügen Sie das Säckchen hinzu. Lassen Sie alles ein paar Minuten köcheln, bis das Kardamomaroma deutlich zu schmecken ist. Entfernen Sie das Säckchen, geben Sie die Aprikosen in den Sud, und lassen Sie sie etwa 10 Minuten köcheln. Nehmen Sie sie aus dem Sud, wenn sie weich sind, und lassen Sie die Flüssigkeit bis auf die Hälfte einkochen. Fügen Sie den Orangensaft hinzu, und gießen Sie den Sirup über die angerichteten Aprikosen. Mit gerösteten Nüssen bestreuen und kalt servieren.

Säfte

Um möglichst alle wertvollen Stoffe zu erhalten, verwenden Sie nur frische Zutaten. Bereiten Sie kleine Mengen zu, die Sie gleich verbrauchen. Säfte sollten nicht im Voraus hergestellt und gelagert werden. Benutzen Sie Produkte aus biologisch kontrolliertem Anbau, und verwenden Sie keine Früchte und Gemüse, die beschädigt oder überreif sind. Wenn die eigene Herstellung schwierig ist, kaufen Sie gute Säfte im Reformhaus, sie sollten ungesüßt sein. Sie können die Säfte im Entsafter oder im Mixer aber leicht selbst herstellen. Der Entsafter extrahiert nur den Saft und behält die harten Faserteile zurück, das ist gut bei Zitrusfrüchten und Äpfeln. Im Mixer wird dagegen die ganze Frucht zerkleinert, das ist besser bei weichen Früchten wie Erd- oder Himbeeren. Wenn Sie kein Gerät besitzen, können Sie die weichen Früchte auch durch ein Sieb streichen. Saft kann mit zerstoßenem Eis kalt serviert, Gemüsesäfte können mit Salz und Pfeffer abgeschmeckt werden. Die hier angegebenen Mengen können variieren, weil nicht alle Früchte gleich viel Saft enthalten. In diesem Fall mehr Früchte verwenden.

FRUCHTSÄFTE

Apfel-Himbeer-Saft

300 g Äpfel, geschält und entkernt
100 g Himbeeren
2 Esslöffel Rosenwasser oder Orangenblütenwasser
Eiswürfel aus Jasmintee
Zucker zum Abschmecken

Äpfel und Himbeeren entsaften. Rosenwasser oder Orangenblütenwasser hinzufügen, und den Saft über die Jasmintee-Eiswürfel gießen. Sie können das Eis auch zerstoßen. Mit Zucker abschmecken.

Aprikosen-Limetten-Minze-Saft

3 reife Aprikosen, entsteint
3 Esslöffel frischer Limettensaft
Honig zum Abschmecken
1 Teelöffel gehackte, frische Minze
zerstoßenes Eis

Aprikosen- und Limettensaft mischen, mit Honig abschmecken und in ein Glas geben, das zur Hälfte mit zerstoßenem Eis und Minze gefüllt ist.

Kirsch-Himbeer-Saft

50 ml fertiger Kirschsaft
50 ml fertiger Himbeersaft
Saft einer halben Zitrone
zerstoßenes Eis

Alles mischen und mit Eis servieren.

Kirsch-Apfel-Saft

3 Äpfel
50 ml fertiger Kirschsaft

Äpfel entsaften und mit Kirschsaft mischen.

Mangosaft

2 mittelgroße Mangos, geschält und entsteint
2 Esslöffel Orangenblütenwasser
einige Eiswürfel aus Kamillentee

Alles in den Mixer geben, bis es einen dickflüssigen Saft ergibt und das Eis gut zerstoßen ist.

Karotten-Apfel-Ingwer-Saft

6 Karotten, in kleine Stücke geschnitten
4 Äpfel, geschält, entkernt und in Stücke geschnitten
1 Esslöffel geriebenen Ingwer
zerstoßenes Eis

Karotten und Äpfel entsaften, mit Ingwer und Eis mischen.

Pflaumensaft

1 Teelöffel Zitronensaft
Ahornsirup zum Abschmecken
150 ml fertiger Pflaumensaft

Alle Zutaten mischen.

Rote-Johannisbeer-Brombeer-Heidelbeer-Saft

100 g Rote Johannisbeeren
100g Brombeeren
100 g Heidelbeeren

Eventuell Tiefkühl-Produkte verwenden. Alles pürieren.

Erdbeer-Himbeer-Saft

200 g Erdbeeren
200 g Himbeeren
Zitronensaft zum Abschmecken
zerstoßenes Eis
etwas Wasser

Beeren im Mixer pürieren, Zitronensaft und etwas Wasser dazugeben, auf Eis servieren.

Ananas-Shake

100 ml Sojamilch
50 ml Ananassaft
1 Teelöffel geriebene Kokosnuss
Zucker zum Abschmecken

Alles mischen, mit Zucker abschmecken. Kalt servieren.

GEMÜSESÄFTE

Sellerie-Tomaten-Saft

eine halbe Sellerieknolle
2 Tomaten
1 Gurke

Selleriestiel und -boden abschneiden, dann alles entsaften und mischen.

Kohl-Karotten-Sellerie-Saft

Kann warm oder kalt serviert werden.

½ Rot- oder Weißkohl
4 Karotten, grob geraspelt
5 Stücke Sellerie, grob geraspelt
½ rote Zwiebel (oder 2 Schalotten)
1 Teelöffel Zitronensaft

Gemüse entsaften, etwas Wasser, Salz, Pfeffer und Zitronensaft hinzufügen.

Grüne-Bohnen-Knoblauch-Saft

230 g Grüne Bohnen
2 kleine Salatherzen
2 Esslöffel Wasser
2 Knoblauchzehen
eine Prise Cayennepfeffer
zerstoßenes Eis

Gemüse entsaften, mit Cayennepfeffer würzen und auf Eis servieren.

Rettich-Karotten-Saft

100 g Rettich
50 g Karotten
Entsaften und mischen.

Brokkoli-Grüne-Bohnen-Saft

einige Brokkoliröschen mit Stielen
100 g Grüne Bohnen
2 Esslöffel Zitronensaft
2 Esslöffel Wasser
zerstoßenes Eis

Gemüse entsaften, mit Wasser mischen und auf Eis servieren.

Sellerie-Zwiebel-Saft

1 Sellerieknolle, geschält
2 rote Zwiebeln
zerstoßenes Eis
Saft einer halben Zitrone

Gemüse entsaften und über das Eis und den Zitronensaft geben.

Rote-Bete-Sellerie-Saft

1 Sellerieknolle
2 mittelgroße, gekochte Rote Bete
Saft einer halben Zitrone oder Limette
1 Esslöffel Olivenöl

Gemüse entsaften und mit Zitronensaft und Olivenöl mischen.

Gurken-Salatherz-Saft

2 mittelgroße Gurken
1 Salatherz

Gemüse entsaften und mischen.

Salat-Basilikum-Saft

1 Kopf Salat
1 Radicchio
5 Basilikumblätter
Saft einer halben Zitrone

Gemüse entsaften und mit Zitronensaft mischen.

Eingelegtes

Wenn Sie etwas einlegen oder konservieren wollen, kaufen Sie immer nur die besten Zutaten. Sterilisieren Sie Flaschen und Gläser, indem Sie sie mit kochendem Wasser abspülen oder für mindestens 20 Minuten in einen heißen Ofen stellen. Der wichtigste Bestandteil beim Konservieren ist Essig, der wie ein Lösungsmittel wirkt und das Aroma und die medizinisch wirksamen Bestandteile der Pflanzen übernimmt. Eingelegtes soll generell innerhalb von drei Monaten verzehrt werden.

EINGELEGTES GEMÜSE

Eingelegte Weiße Rüben

Gut als Beilage zu Hauptgerichten, z.B. zu Schweinefleisch und Kartoffeln.

1 1/2 kg Weiße Rüben, geschält und geraspelt
30 g Salz
40 Wacholderbeeren
30 schwarze Pfefferkörner

Schichten Sie die Zutaten in abwechselnden Lagen in ein großes Glas- oder Keramikgefäß. Verwenden Sie kein Metall. Legen Sie ein sauberes Tuch über die Öffnung und beschweren Sie es mit einem Teller. Legen Sie ein Gewicht darauf, z. B. einen Stein, und stellen Sie das Gefäß kühl. Die Rüben gären innerhalb von 2–3 Wochen. Spülen Sie die Rüben nun unter kaltem Wasser ab, und trocknen Sie sie gut. Verwenden Sie die Rüben roh im Salat oder gekocht wie Sauerkraut als Beilage zu Würsten und Schweinefleisch.

Eingelegte Rote Bete

1 kg kleine Rote Bete, ungeschält
1 Liter Wasser
1/2 Liter Rotweinessig
2 Lorbeerblätter
2 Zweige Thymian
12 schwarze Pfefferkörner
2 Knoblauchzehen
50 g Salz
100 g grober Zucker
1 weiße Zwiebel, in Scheiben geschnitten

Wickeln Sie die Rote Bete in Aluminiumfolie, und backen Sie sie im vorgeheizten Ofen bei 200°C, bis sie weich sind. In der Zwischenzeit bringen Sie Wasser, Essig, Kräuter, Gewürze, Salz und Zucker zum Kochen und lassen die Flüssigkeit 3 Minuten köcheln. Abkühlen lassen. Schälen Sie die Rote Bete und schichten Sie sie mit den Zwiebeln in Einmachgläser. Gießen Sie die Flüssigkeit darüber, und verschließen Sie die Gläser gut. Bis zum Gebrauch müssen die Gläser 2 Wochen kühl und dunkel ruhen.

Eingelegter Blumenkohl *(rechts)*

Zu verwenden als Vorspeise oder in Salaten.

1 mittelgroßer Blumenkohl
20 g Salz
Weißwein- oder Apfelessig (genug, um den Blumenkohl zu bedecken)
1 Teelöffel grüner Pfeffer
1 Teelöffel schwarze Pfefferkörner
1 Teelöffel rosa Pfefferkörner
1–6 frische grüne, rote und gelbe Chilischoten (nach Geschmack)

Blanchieren Sie den Blumenkohl in kochendem Salzwasser 5 Minuten. Spülen Sie ihn unter kaltem Wasser ab, und trocknen Sie ihn mit Haushaltspapier. Zerteilen Sie den Blumenkohl in einzelne Röschen, und schichten Sie diese in ein 1 1/2-Liter großes Einmachglas. Bringen Sie den Essig, die Pfefferkörner und die Chilies zum Kochen. Lassen Sie die Flüssigkeit 30 Sekunden köcheln. Gießen Sie nun die Flüssigkeit über den Blumenkohl, so dass er vollständig bedeckt ist. Lassen Sie das Glas auskühlen, und verschließen Sie es dann sorgfältig. Drei Wochen kühl und dunkel ruhen lassen.

ESSIG

Brombeer-Essig

Zu verwenden in Dressings oder zum Kochen.

300 g Brombeeren
1 Teelöffel Senfpulver in einem kleinen dünnen Stoffsäckchen
1 Liter Weißweinessig

Waschen Sie die Brombeeren in kaltem Wasser, und entfernen Sie alle Blätter. Trocknen Sie die Beeren auf Haushaltspapier, und füllen Sie sie in ein Einmachglas zusammen mit dem Senfpulver. Gießen Sie den Essig darüber, verschließen Sie das Glas, und lassen Sie es 2 Wochen kühl und dunkel ruhen. Dann den Brombeer-Essig in eine Flasche füllen.

Himbeer-Essig

250 g Himbeeren
1 Liter Rotweinessig

Füllen Sie die gewaschenen, getrockneten Himbeeren in ein Einmachglas, gießen Sie den Essig darüber und verschließen Sie das Glas. Lassen Sie den Essig 2 Monate an einem kühlen, dunklen Platz ruhen. Dann abgießen, die Himbeeren ausdrücken, und in eine Flasche umfüllen.

Borretschblätter in Essig

Die Blätter können als Vorspeise oder zu Salaten und anderen Gerichten serviert werden. Borretschblüten geben dem Essig eine blaue Farbe.

110 g junge Borretschblätter
ein Schuss Weißweinessig
Borretschblüten (10 % von der Menge der Borretschblätter)
1 Liter Weißweinessig (mit 2 Esslöffeln Salz)

Spülen Sie die Borretschblätter in einer Schüssel mit kalten Wasser, mit einem Schuss Essig. Legen Sie die Blätter einzeln auf ein sauberes, trockenes Tuch, und lassen Sie sie 8 Stunden trocknen. Füllen Sie den Borretsch in ein 1 ½ Liter großes Einmachglas, und fügen Sie die Borretschblüten hinzu. Gießen Sie den gesalzenen Weißweinessig hinzu, und verschließen Sie das Glas sorgfältig. Lassen Sie es 1 Monat kühl und dunkel ruhen.

Estragon-Essig

2 Hände voll frischer Estragon
10–12 kleine Zwiebeln, auf Zahnstocher gesteckt
einige Borretschblüten
1 Liter Weißwein- oder Apfelessig

Geben Sie den Estragon mit den Zwiebeln und den Borretschblüten in ein Einmachglas. Füllen Sie mit dem Essig auf, und verschließen Sie das Glas gut. Vor Gebrauch 2 Wochen kühl und dunkel lagern.

Schalotten-Essig

1 Liter Weißwein- oder Apfelessig
10 Schalotten
1 Lorbeerblatt
1 Zweig Thymian
1 Teelöffel schwarze Pfefferkörner

Geben Sie die Zutaten in ein Einmachglas, und gießen Sie den Essig darüber. Verschließen Sie das Glas sorgfältig, und lassen Sie das Gefäß 2 Wochen kühl und dunkel ruhen. Danach abseihen und in eine Flasche füllen.

Kräuter-Essig

1 Liter Rot- oder Weißweinessig
1 Zweig Estragon
einige Basilikumblätter
1 Zweig Majoran
1 Zweig Thymian
1 Nelke (oder einige Wacholderbeeren)
einige grüne und schwarze Pfefferkörner

Geben Sie die Zutaten in ein Einmachglas, und gießen Sie den Essig dazu. Verschließen Sie das Glas gut, und lassen Sie es 1 Monat an einem kühlen, dunklen Ort ruhen. Danach abseihen und in eine Flasche umfüllen.

Aromatischer Essig

1 Liter Weißwein- oder Apfelessig
2 Hände voll Estragonblätter und -stängel
2 Hände voll Dill
1 Hand voll frische Basilikumblätter
1 Hand voll frischer Thymian
1 Hand voll Majoran
10–12 kleine Schalotten, auf Zahnstocher gespickt
1 ganze, rote Chilischote

Geben Sie die Zutaten in ein gut verschließbares Einmachglas, und gießen Sie mit dem Essig auf. Verschließen Sie das Glas sorgfältig, und lassen Sie es 2–3 Wochen an einem kühlen, dunklen Ort ruhen. Danach abseihen und in eine Flasche umfüllen. Lassen Sie den Thymian im Essig.

Tafelsenf

2 Esslöffel Petersilie
2 Esslöffel Kerbel
2 Esslöffel Schnittlauch
2 Esslöffel Sellerieblätter
2 Esslöffel Estragon
2 Esslöffel Thymian
1 Knoblauchzehe
1 Teelöffel Salz
½ Teelöffel schwarzer Pfeffer, gemahlen
Weißweinessig (genug, um die Kräuter zu bedecken)
Senfpulver
Olivenöl

Pürieren Sie Kräuter, Knoblauch und Salz und Pfeffer in einem Mixer. Füllen Sie alles in ein Einmachglas, und gießen Sie mit Essig auf, bis die Kräuter bedeckt sind. Verschließen Sie das Glas gut, und lassen Sie es 1 Woche an einem kühlen, dunklen Ort ruhen. Fügen Sie nun das Senfpulver und soviel Olivenöl hinzu, bis eine breiige Paste entsteht. Gut durchmischen und in verschlossenen Gläsern im Kühlschrank aufbewahren.

MARMELADE

Lampionblumen- oder Physalismarmelade

1 kg Beeren der Lampionblume (Physalis, Blasen- oder Judenkirsche)
Wasser
1 kg Zucker

Entfernen Sie die pergamentartigen Häute von den Beeren, waschen und halbieren Sie sie. Geben Sie die Beeren in einen Topf, bedecken Sie sie mit Wasser, und kochen Sie die Beeren etwa 30 Minuten. Pürieren Sie die Früchte mit dem Zucker im Mixer, und lassen Sie den Brei nochmals 30 Minuten köcheln. In gut verschließbare Marmeladengläser füllen.

Medizinische Getränke, Tinkturen und Sirup

Ob Aufguss, Sud, Wein, Likör, Tinktur oder Sirup, dies alles sind Möglichkeiten, um die wertvollen Inhaltsstoffe von vielen Pflanzen, Kräutern und Gewürzen zu konservieren und sie als Heilmittel jeder Zeit zur Verfügung zu haben. In den folgenden Rezepten werden die Dosierung, die Inhaltsstoffe und auch die Anwendungsbereiche angegeben. In Teil 3 finden Sie eine Beschreibung der häufigsten Erkrankungen und der wirksamen Gegenmittel. In den meisten Rezepten sind die Mengen für getrocknete Kräuter genannt. Wenn Sie diese durch frische ersetzen wollen, müssen Sie 3-mal soviel dazugeben.

AUFGUSS

Aufgüsse können am Tag vorher zubereitet, im Kühlschrank aufbewahrt und kurz wieder erwärmt werden. Sie haben eine leichte medizinische Wirkung und müssen daher regelmäßig eingenommen werden. Aufgüsse mit Lindenblüten, Zitronenmelisse und Kamille sind sehr gut für Kinder geeignet.

Löwenzahn-Aufguss

Dosierung: 150 ml 3-mal täglich
Wirkung: entgiftend, unterstützt die Leberfunktion
Anwendungsbereiche: Probleme mit Knochen und Gelenken, Bluthochdruck, Verdauungsstörungen, Problemen mit den Nieren und der Blase, Ekzeme

1 Liter kochendes Wasser
1 Esslöffel getrocknete Löwenzahnwurzeln
1 Esslöffel getrocknete Löwenzahnblätter

Gießen Sie kochendes Wasser über Löwenzahnwurzeln und -blätter, und lassen Sie den Aufguss bedeckt 10 Minuten ziehen. Dann abseihen.

Fenchel-Aufguss

Dosierung: 150 ml 3-mal täglich. Alternativ können Sie auch 1 Tropfen Fenchelöl auf einem Zuckerwürfel oder einem Teelöffel Honig einnehmen
Wirkung: krampflösend, Appetit und Verdauung anregend
Anwendungsbereiche: Verdauungsstörungen, Frauenleiden, Pilzerkrankungen, Anämie, Polymyalgia rheumatica, Raynaud-Krankheit

150 ml kochendes Wasser
1 Esslöffel Fenchelsamen oder -wurzeln

Gießen Sie das kochende Wasser über den Fenchelsamen oder die Wurzeln, bis sie bedeckt sind. 10 Minuten ziehen lassen, und dann abseihen.

Himbeerblätter-Aufguss

Dosierung: 150 ml 3-mal täglich warm trinken
Wirkung: zusammenziehend
Anwendungsbereiche: Fibrositis, Polymyalgia rheumatica, Menstruationsschmerzen, Schwangerschaftsbeschwerden (besonders in den letzten Wochen)

150 ml kochendes Wasser
1 Teelöffel getrocknete Himbeerblätter

Gießen Sie das kochende Wasser über die Himbeerblätter, und lassen Sie den Aufguss 5 Minuten ziehen. Dann abseihen.

Orangenschalen-Aufguss

Dosierung: Trinken Sie ihn über den Tag verteilt anstelle von Wasser
Wirkung: Die Substanzen stärken das Immunsystem

1 Liter kochendes Wasser
40 g Orangenschale
15 g Lorbeerblätter

Gießen Sie das kochende Wasser über Orangenschale und Lorbeerblätter, und lassen Sie alles bedeckt 20 Minuten ziehen. Dann abseihen.

Majoran-Aufguss

Dosierung: Trinken Sie ihn über den Tag verteilt anstelle von Wasser. Mixen Sie die Kräuter auf Vorrat, und nehmen Sie täglich, was Sie brauchen
Wirkung: hilft bei Verstopfung, wirkt antiseptisch und krampflösend
Anwendungsbereiche: Probleme der Atemwege, zur Stärkung des Immunsystems, bei Schlaflosigkeit, Soor

20 g getrockneter Majoran
20 g getrockneter Thymian
20 g getrocknete Minze
$^1/_2$ Liter kochendes Wasser
Honig zum Abschmecken

Nehmen Sie 15 g von der Kräutermischung und gießen Sie das kochende Wasser darüber. Lassen Sie den Aufguss bedeckt ein paar Minuten ziehen. Dann abseihen und mit Honig abschmecken.

Zitronenmelisse-Kamillen-Aufguss *(rechts)*

Dosierung: 150 ml 2–3-mal täglich warm trinken. Legen Sie sich von dieser Kräutermischung in einem gut verschließbaren Glas einen Vorrat an
Wirkung: krampflösend, beruhigend, entgiftend
Anwendungsbereiche: Herz- und Kreislaufprobleme, Verdauungsstörungen, Atembeschwerden, nervöse Störungen, Frauenleiden, Nierensteine, Psoriasis, Nesselsucht

100 g getrocknete Zitronenmelisseblätter
30 g getrocknete Kamillenblüten
20 g getrocknete Minzeblätter
150 ml kochendes Wasser

Gießen Sie das kochende Wasser über 1 Esslöffelvoll dieser Kräutermischung, und lassen Sie den Aufguss 5 Minuten bedeckt ziehen. Dann abseihen.

Holunder-Kamillen-Aufguss

Dosierung: 150 ml 3–4-mal täglich warm trinken. Dieser Aufguss ist auch gut für Kinder geeignet
Wirkung: schweißtreibend, entgiftend, beruhigend, entzündungshemmend
Anwendungsbereiche: Verdauungsstörungen, Probleme der Atemwege, Nervosität, Immunschwäche, Psoriasis, Prämentruelles Syndrom, Endometriose

250 ml kochendes Wasser
2 Esslöffel getrocknete Holunderblüten
1 Esslöffel getrocknete Kamillenblüten (oder 1 Teebeutel Kamillentee)
Zucker zum Abschmecken

Gießen Sie das kochende Wasser über die Holunder- und Kamillenblüten, und lassen Sie den Aufguss bedeckt 10 Minuten ziehen. Dann abseihen und mit Zucker abschmecken.

Ingwer-Aufguss

Dosierung: 150 ml 4-mal täglich warm trinken oder nach Belieben
Wirkung: regt das Verdauungssystem an, hilft bei Brechreiz
Anwendungsgebiete: Herz- und Kreislaufbeschwerden, Störungen im Verdauungssystem, Atemwegsbeschwerden, Probleme des Nervensystems, Verdauungsstörungen, morgendliche Übelkeit (besonders während der Schwangerschaft)

150 ml kochendes Wasser
2 Esslöffel geraspelte Ingwerwurzel
Zucker zum Abschmecken

Gießen Sie das kochende Wasser über den Ingwer, und lassen Sie den Aufguss bedeckt 5 Minuten ziehen. Abseihen und mit Zucker abschmecken.

Gerste-Aufguss

Dosierung: Trinken Sie den Aufguss über den Tag verteilt anstelle von Wasser
Wirkung: harntreibend, beruhigend, entzündungshemmend
Anwendungsbereiche: nervöse Blase, Niedergeschlagenheit

1 Liter kochendes Wasser
100 g Gerstenkörner

Gießen Sie das kochende Wasser über die Gerste, und lassen Sie den Aufguss 3 Stunden bedeckt stehen. Dann abseihen.

Karottensamen-Aufguss

Dosierung: 150 ml 2–3-mal täglich trinken
Wirkung: fördert die Verdauung und den Gallenfluss, wirkt leicht harntreibend
Anwendungsbereiche: Ausbleiben der Menstruation

300 ml kochendes Wasser
5 g Karottensamen

Gießen Sie das kochende Wasser über den Karottensamen, und lassen Sie den Aufguss 10 Minuten bedeckt ziehen. Dann abseihen.

Perlender Zitronenmelisse-Aufguss

Dosierung: Nach Belieben zu trinken. Statt Mineralwasser kann auch Schaumwein verwendet werden; das ergibt einen hervorragenden Aperitif
Wirkung: erfrischend, beruhigend (ohne Wein sehr gut für Kinder geeignet)
Anwendungsbereiche: Nervosität, Frauenleiden, Angina, Ängste, Furcht und Albträume bei Kindern, Psoriasis, Nesselsucht, Husten, Kehlkopfentzündung, Nasenschleimhautentzündung

Für den Aufguss:
1/2 Liter kochendes Wasser
45 frische Zitronenmelisseblätter

Für das Getränk:
1/2 Liter Mineralwasser mit Kohlensäure oder Schaumwein
Saft 1 Orange
Saft 1 Grapefruit
Zucker zum Abschmecken
1 frisches Zitronenmelisseblatt
1 Zitronenscheibe

Gießen Sie das kochende Wasser über die Zitronenmelisseblätter, und lassen Sie den Aufguss bedeckt stehen, bis er abgekühlt ist. Dann abseihen, mit kohlensäurehaltigem Mineralwasser oder Schaumwein und dem Orangen- und Grapefruitsaft mischen. Mit Zucker abschmecken und in geeiste Gläser füllen. Mit Zitronenmelisseblatt und Zitronenscheibe servieren.

Koriandersamen-Aufguss

Dosierung: 150 ml 2–3-mal täglich warm trinken
Wirkung: krampflösend, hilft bei Blähungen, fördert das Verdauungssystem
Anwendungsbereiche: Probleme mit dem Verdauungssystem, Ausbleiben der Menstruation, Menstruationsschmerzen

150 ml kochendes Wasser
1 Esslöffel Koriandersamen
Zucker zum Abschmecken

Gießen Sie das kochende Wasser über den Koriandersamen, und lassen Sie den Aufguss bedeckt 10 Minuten ziehen. Abseihen und abschmecken.

Birnen-Apfel-Aufguss

Dosierung: Trinken Sie den Aufguss über den Tag verteilt anstelle von Wasser
Wirkung: harntreibend, entzündungshemmend, entgiftend
Anwendungsbereiche: Knochen- und Gelenkprobleme, Nieren- und Blasensteine

1 Liter kochendes Wasser
50 g Birnenblätter
50 g getrocknete Apfelschale

Gießen Sie das kochende Wasser über die Birnenblätter und die Apfelschale, und lassen Sie alles 20 Minuten bedeckt ziehen. Dann abseihen.

SUD

Wie beim Aufguss kann auch der Sud schon einen Tag vorher zubereitet werden. Ein Sud ist sehr mild und sollte auf jeden Fall regelmäßig eingenommen werden. Bei der Zubereitung eines Suds werden auch die harten oder hölzernen Teile einer Pflanze wie Stängel, Wurzel, Samen oder Beeren verwendet. Bewahren Sie einen Sud immer im Kühlschrank auf.

Karottenblatt-Sud

Dosierung: Tragen Sie den Sud 2–3-mal täglich auf die Haut auf
Wirkung: unterstützt die Heilung und Regeneration von beschädigter Haut, wirkt entzündungshemmend und analgetisch

1 Hand voll frische Karottenblätter
150 ml kochendes Wasser
Karottensaft (selbst frisch im Entsafter hergestellt)

Kochen Sie die Karottenblätter etwa 5 Minuten im Wasser. Dann abgießen und mit der gleichen Menge Karottensaft mischen.

Kirschstiel-Apfel-Sud

Dosierung: 150 ml 3-mal täglich trinken
Wirkung: entgiftend, entzündungshemmend, harntreibend
Anwendungsbereiche: rheumatoide Arthritis, Windpocken, Masern

1 Hand voll Kirschstiele
1 Liter Wasser
2 oder 3 Äpfel, in Scheiben geschnitten

Kochen Sie die Kirschstiele 10 Minuten im Wasser. Abgießen und den Sud über die Apfelscheiben gießen. Abdecken und 20 Minuten ziehen lassen. Dann abseihen, die Apfelscheiben dabei ausdrücken.

Maishaar-Fenchelsamen-Sud

Maishaar sind die schwarzen, haarähnlichen Fäden, die den Maiskolben unter den Innenblättern umgeben. Wenn der Mais reif ist, sind diese Fäden schwarz. Maishaar erhalten Sie auch in Gewürz- und Kräuterläden.

Dosierung: 150 ml 3-mal täglich warm trinken
Wirkung: entgiftend, harntreibend, entzündungshemmend, wirkt anregend auf das Verdauungssystem
Anwendungsbereiche: Nieren- und Blasenprobleme, Frauenleiden, Windpocken

1 Hand voll getrocknetes Maishaar
2 Teelöffel Fenchelsamen
1 Liter Wasser

Bringen Sie Maishaar und Fenchelsamen im Wasser zum Kochen, lassen Sie dann den Sud abgedeckt 20 Minuten ziehen. Abseihen.

Erdbeerblatt-Sud

Dosierung: Über den Tag verteilt trinken
Wirkung: zusammenziehend, entzündungshemmend, entgiftend
Anwendungsbereiche: Knochen- und Gelenkprobleme, Blut- und Kreislaufstörungen, Atemwegsbeschwerden, Nieren- und Blasenerkrankungen, Prostratitis

1 Hand voll frische Erdbeerblätter
1 Hand voll frische Erdbeerwurzeln
1 Liter Wasser

Kochen Sie die Zutaten auf, lassen Sie den Sud 10 Minuten ziehen. Abseihen.

Litschisamen-Sud

Dosierung: Trinken Sie den warmen Sud über den Tag verteilt
Wirkung: analgetisch, krampflösend, zusammenziehend
Anwendungsbereiche: Unterleibskrämpfe, Koliken

30 g Litschisamen
Schale von 1 Zitrone
1 Esslöffel Fenchelsamen
1/2 Liter Wasser

Kochen Sie die Zutaten 20 Minuten im Wasser. Dann abseihen.

Dillsamen-Sud

Dosierung: 150 ml 2–3-mal täglich warm trinken
Wirkung: krampflösend, hilft bei Blähungen, regt das Verdauungssystem an
Anwendungsbereiche: Störungen des Verdauungssystems, Ausbleiben der Menstruation, Menstruationsschmerzen

1 Esslöffel Dillsamen
1/2 Liter Wasser
Zucker zum Abschmecken

Kochen Sie den Dillsamen 10 Minuten im Wasser. Dann abgießen und mit Zucker abschmecken.

Fenchelsamen-Sud

Dosierung: 150 ml einmal täglich warm trinken
Wirkung: krampflösend, hilft bei Blähungen, regt das Verdauungssystem an
Anwendungsbereiche: Störungen des Verdauungssystems, Frauenleiden, Anämie, Raynaud-Krankheit, Polymyalgia rheumatica

1 Teelöffel Fenchelsamen
150 ml Wasser
Zucker zum Abschmecken

Kochen Sie den Fenchelsamen 5 Minuten im Wasser. Dann abseihen und mit Zucker abschmecken.

Kirschstiel-Sud

Dosierung: 150 ml 3–4-mal täglich trinken
Wirkung: harntreibend, entgiftend
Anwendungsbereiche: Knochen- und Gelenkprobleme, Rippenfellentzündung, Lungenentzündung, Masern bei Kindern

30 g Kirschstiele
1 Liter Wasser

Kochen Sie die Kirschstiele 10 Minuten in dem Wasser. Dann abseihen.

Lampionblumen-Sud

Dosierung: 150 ml 4-mal täglich trinken
Wirkung: harntreibend, entzündungshemmend.
Anwendungsgebiete: Nieren- und Blasenbeschwerden, Prostatitis.

60 g Beeren von der Lampionblume
1 Liter Wasser

Kochen Sie die Beeren 5 Minuten im Wasser, und lassen Sie den Sud 10 Minuten ziehen. Dann abseihen.

Kreuzkümmelsamen-Sud

Dosierung: 150 ml 2–3-mal täglich warm trinken
Wirkung: beruhigend, hilft bei Blähungen, antiseptisch
Anwendungsbereiche: Störungen des Verdauungssystems, Frauenleiden

1 Teelöffel Kreuzkümmelsamen
150 ml Wasser

Kochen Sie den Kreuzkümmelsamen 10 Minuten auf, dann abseihen.

Salatsamen-Sud

Dosierung: 25 ml 3-mal täglich trinken
Wirkung: beruhigend, krampflösend
Anwendungsbereiche: Atemwegsprobleme, Ängste, Nierensteine

1 Esslöffel Salatsamen
250 ml Wasser

Kochen Sie den Samen 10 Minuten in dem Wasser. Dann abseihen.

Gerstenwasser

Dosierung: Über den Tag verteilt trinken
Wirkung: harntreibend, beruhigend, entzündungshemmend
Anwendungsbereiche: Herz- und Kreislaufbeschwerden, Störungen des Verdauungssystems, Nieren- und Blasenbeschwerden

1 Liter Wasser
30 g Gerste, gekeimt
Honig zum Abschmecken

Bringen Sie die Gerste im Wasser langsam zum Kochen. Schalten Sie die Hitze zurück, und kochen Sie die Gerste bei geringer Hitze gar. Abseihen und mit Honig abschmecken.

WEINE UND LIKÖRE

Weine sollten in gut schließenden Flaschen aufbewahrt werden. Sie bleiben ein paar Wochen haltbar. Wenn Sie Likör herstellen, sollten Sie einen sehr starken Alkohol verwenden, damit die wirksamen Pflanzensubstanzen leichter extrahiert werden können. Liköre halten sich mehrere Jahre. Bewahren Sie die Flaschen an lichtgeschützten Orten und außer Reichweite von Kindern auf.

Zimt-Wein *(rechts)*

Dosierung: 60 ml nach Wunsch
Wirkung: tonisch, als Aphrodisiakum, antiseptisch, verdauungsfördernd

50 g Zimtstange
20 g Vanillestange
750 ml lieblicher Rotwein

Geben Sie Zimt und Vanille in den Wein, verschließen Sie die Flasche sorgfältig, und lassen Sie den Wein 3 Tage ziehen. Danach abseihen und in eine gut verschließbare Flasche füllen.

Schwarzer-Johannisbeer-Wein

Dosierung: 50 ml täglich
Wirkung: tonisch, zusammenziehend, abführend, verbessert die Vitalität und die Verdauung
Anwendungsbereiche: Polymyalgia rheumatica, Dickdarmkatarrh, Anämie, Raynaud-Krankheit

200 g Schwarze Johannisbeeren
750 ml trockener Weißwein
150 g Zucker
150 ml hochprozentiger Alkohol (Wodka, Branntwein, Grappa)

Zerstampfen Sie die Johannisbeeren in einer Schüssel, und geben Sie den Weißwein hinzu. Verschließen Sie die Schüssel gut mit Folie, und stellen Sie sie für eine Woche in den Kühlschrank. Drücken Sie die Mischung durch ein dünnes Tuch. Fügen Sie den Zucker hinzu, und lassen Sie alles bei geringer Hitze leicht aufwallen. Die Mischung sollte nicht kochen. Kühlen Sie sie nun ab, und fügen Sie den restlichen Alkohol hinzu. Füllen Sie den Wein in eine gut verschließbare Flasche, und lassen Sie ihn ein paar Monate ruhen.

Anis-Likör (Anisette)

Dosierung: 1 Esslöffel (pur oder mit 75 ml Wasser verdünnt) nach Belieben
Wirkung: krampflösend, hilft bei Blähungen
Anwendungsbereiche: Störungen des Verdauungssystems, Frauenleiden, Kopfschmerzen und Migräne

25 g grüne Anissamen oder Sternanis
15 g Koriandersamen
½ g Muskatblüte
1 g Zimtstange
700 ml Wodka
250 g Zucker
100 ml Wasser

Geben Sie den Anis, den Koriander, die Muskatblüte und den Zimt zu dem Wodka. Gut verschließen und an einem kühlen, dunklen Platz einen Monat ruhen lassen. Lösen Sie bei kleiner Hitze den Zucker im Wasser auf. Etwa 30 Sekunden kochen lassen, dann abkühlen. Drücken Sie den Wodka-Mix durch ein dünnes Tuch, und mischen Sie ihn mit dem Sirup. In gut verschließbare Flaschen abfüllen und an einem kühlen, dunklen Platz 2 Wochen ruhen lassen.

Kamillen-Aperitif

Dosierung: 50 ml täglich, abends
Wirkung: beruhigend, fördert die Verdauung und den Schlaf
Anwendungsbereiche: Endometriose

60 g Kamillenblüten
750 ml Weißwein

Geben Sie die Kamillenblüten in den Wein, verschließen Sie die Flasche gut, und lassen Sie sie einen Monat an einem kühlen, dunklen Platz ruhen. Durch ein dünnes Tuch abseihen und gut verschlossen aufbewahren.

Zitronen-Likör

Dosierung: 25 ml nach Belieben
Wirkung: hilft bei Blähungen, verdauungsfördernd, zusammenziehend, appetitanregend
Anwendungsbereiche: Gallenblasenentzündung, Gallensteine

Schale von 3 Zitronen, in dünne Streifen geschnitten
50 g Mandeln
1 Vanilleschote oder Zimtstange
700 ml hochprozentiger Wodka
250 g Zucker
150 ml Wasser
1 Mandel oder Nelke

Geben Sie die Zitronenschale, die Mandeln und die Vanilleschote in den Wodka, verschließen Sie die Flasche gut, und lassen Sie sie an einem dunklen, kühlen Platz einen Monat ruhen. Lösen Sie den Zucker im Wasser vollständig auf, und kochen Sie die Flüssigkeit 30 Sekunden. Seihen Sie den Wodka-Mix ab, und mischen Sie ihn mit dem abgekühlten Sirup. Geben Sie die Mandel oder die Nelke und etwas von der Zitronenschale hinzu, füllen Sie die Flüssigkeit in eine gut verschließbare Flasche, und lassen Sie sie ein paar Monate ruhen.

Kamillen-Zitronen-Wein

Dosierung: 50 ml nach Belieben
Wirkung: beruhigend, verdauungsfördernd
Anwendungsbereiche: Störungen des Verdauungssystems, Ängste, Endometriose, Schlaflosigkeit

60 g Kamillenblüten
Schale 1 unbehandelten Zitrone
Schale 1 unbehandelten Orange
1 Teelöffel Teeblätter (beliebig)
750 ml trockener Weißwein
60 g Zucker
150 ml hochprozentiger Alkohol (Wodka, Gin)

Mischen Sie alle Zutaten, füllen Sie die Mischung in ein luftdichtes Gefäß. Lassen Sie es an einem dunklen, kühlen Platz eine Woche ruhen. Durch ein dünnes Tuch abseihen und in eine gut verschließbare Flasche füllen.

Kirschblatt-Wein

Dosierung: 50 ml täglich verdünnt trinken
Wirkung: harntreibend, entgiftend
Anwendungsbereiche: Knochen- und Gelenkbeschwerden

80 Kirschblätter
5 Esslöffel Zucker
750 ml Rotwein
150 ml Kirschwasser (Schnaps)

Blätter und Zucker in den Wein geben, verschließen und 8 Tage ziehen lassen. Entfernen Sie die Blätter, und geben Sie das Kirschwasser hinzu.

Artischocken-Wein

Dosierung: 50 ml täglich, morgens und abends vor den Mahlzeiten
Wirkung: entgiftend, verbessert die Leberfunktion, regt den Gallenfluss an
Anwendungsbereiche: Arteriosklerose, Fettstoffwechselstörung, Gallensteine

50 g getrocknete Artischockenblätter, fein gehackt
750 ml Rotwein

Geben Sie die Artischockenblätter in den Wein, verschließen Sie die Flasche gut, und lassen Sie sie 10 Tage ziehen. Durch ein dünnes Tuch abseihen, gut verschließen und dunkel lagern.

Heidelbeer-Wein

Dosierung: 1 kleines Glas täglich
Wirkung: tonisch, verdauungsfördernd

200 g frische Heidelbeeren
100 g frische Himbeeren oder Schwarze Johannisbeeren
700 ml trockener Weißwein
150 g Zucker
150 ml hochprozentiger Alkohol (Wodka, Branntwein, Grappa)

Zerstampfen Sie die Früchte in einer Schüssel. Gießen Sie den Wein hinzu, verschließen Sie die Schüssel mit Folie, und stellen Sie sie für eine Woche in den Kühlschrank. Drücken Sie die Mischung durch ein dünnes Tuch, fügen Sie den Zucker hinzu, und bringen Sie alles bei geringer Hitze zum Wallen. Wenn die Flüssigkeit abgekühlt ist, wird der Alkohol hinzugefügt. Der Wein kann in einer gut verschließbaren Flasche mehrere Monate aufbewahrt werden.

Holunderbeer-Wein

Dosierung: 50 ml täglich
Wirkung: tonisch, harntreibend, analgetisch, verdauungsfördernd
Anwendungsbereiche: Nieren- und Blasenleiden, Diabetes mellitus

75 g frische Wacholderbeeren, zerstoßen
10 g Zitronenschale
750 ml Weißwein

Geben Sie die Wacholderbeeren und die Zitronenschale in den Weißwein, verschließen Sie die Flasche sorgfältig, und lassen Sie den Wein an einem dunklen, kühlen Platz eine Woche ruhen. Durch ein dünnes Tuch abseihen und in eine gut verschließbare Flasche füllen.

Quitten-Likör

Dosierung: 50 ml nach Belieben
Wirkung: zusammenziehend
Anwendungsbereiche: Probleme des Verdauungssystems

1 kg zerdrückte Quitten
200 g Zucker
2 Nelken
eine Prise gemahlener Zimt
Wodka oder Branntwein

Stellen Sie die zerdrückten Quitten 48 Stunden kühl. Pressen Sie sie durch ein dünnes Tuch, um den Saft zu filtern. Fügen Sie Zucker, Nelken und Zimt hinzu und die gleiche Menge Wodka oder Branntwein. Füllen Sie alles in eine gut verschließbare Flasche, und lassen Sie sie 2 Monate ziehen. Durch ein dünnes Tuch abseihen, gut verschließen und weitere 2 bis 3 Monate ruhen lassen.

Basilikum-Likör (ganz links)

Dosierung: 25 ml nach Belieben
Wirkung: antiseptisch, krampflösend, appetitanregend
Anwendungsbereiche: Verdauungsstörungen, Kopfschmerzen und Migräne

80 frische Basilikumblätter
700 ml hochprozentiger Wodka
250 g Zucker
Wasser

Geben Sie die Basilikumblätter in den Wodka, und lassen Sie ihn an einem dunklen, kühlen Platz einen Monat ruhen. Lösen Sie den Zucker in etwas Wasser auf, und lassen Sie ihn 30 Sekunden kochen. Mischen Sie den abgekühlten Sirup mit dem Wodka-Mix, verschließen Sie die Flasche gut. Weitere 3 Wochen ziehen lassen. Damit die grüne Farbe des Likörs erhalten bleibt, sollten Sie einen Teil der Blätter aus der Flüssigkeit entfernen.

TINKTUREN

Tinkturen werden mit Alkohol hergestellt und enthalten die heilenden Substanzen der Pflanzen hochkonzentriert. Wie beim Likör sollte auch hier hochprozentiger Alkohol verwendet werden. Tinkturen sind mehrere Jahre haltbar. Sie sollten immer lichtgeschützt aufbewahrt werden.

Artischocken-Tinktur

Dosierung: 30 Tropfen mit 75 ml Wasser, morgens und abends
Wirkung: entgiftend, stärkt die Leberfunktion, fördert den Gallenfluss
Anwendungsbereiche: Knochen- und Gelenkprobleme, Gallenblasenentzündung, Gallensteine

500 g getrocknete Artischockenblätter
750 ml hochprozentiger Alkohol (Wodka, Gin, Branntwein)

Geben Sie die Artischockenblätter in den Alkohol. Verschließen Sie das Gefäß, und lassen Sie es 3 Wochen an einem kühlen, dunklen Platz ruhen. Durch ein dünnes Tuch abseihen, in eine gut verschließbare Flasche abfüllen und lichtgeschützt aufbewahren.

Anissamen-Tinktur

Dosierung: 20 Tropfen mit 150ml Wasser 1–3-mal täglich oder 10 Tropfen auf einem Stück Zucker
Wirkung: krampflösend, hilft bei Blähungen, regt das Verdauungssystem an
Anwendungsbereiche: Störungen des Verdauungssystems, Frauenleiden, Kopfschmerzen, Migräne

170 g Anissamen
700 ml hochprozentiger Alkohol (Wodka, Branntwein, Gin)

Geben Sie den Anissamen in den Alkohol. Verschließen Sie das Gefäß, und lassen Sie die Tinktur einen Monat an einem kühlen, dunklen Platz ruhen. Durch ein Tuch abseihen, in eine gut verschließbare Flasche abfüllen und lichtgeschützt aufbewahren.

Koriandersamen-Tinktur

Dosierung: 15 Tropfen mit 75 ml Wasser nach einer Mahlzeit
Wirkung: krampflösend, hilft bei Blähungen, fördert die Verdauung, unterstützt die Milchbildung bei stillenden Müttern
Anwendungsbereiche: Magenschleimhautentzündung, Ausbleiben der Menstruation

5 g Koriandersamen
500 ml hochprozentiger Alkohol (Wodka, Gin, Branntwein)

Geben Sie die Koriandersamen in den Alkohol. Verschließen Sie die Flasche, und lassen Sie sie an einem kühlen, dunklen Ort eine Woche ruhen. Durch ein Tuch abseihen, gut verschließen und lichtgeschützt aufbewahren.

SIRUP

Die heilsamen Substanzen von Pflanzen können auch in Form von Sirup konserviert werden. Ein Sirup sollte immer im Kühlschrank aufbewahrt und möglichst schnell verbraucht werden. Eine Ausnahme ist Crème de Cassis, denn er hält sich mehrere Monate. Ein kleiner Test hilft Ihnen festzustellen, wann ein Sirup lange genug gekocht hat: Nehmen Sie einen Teelöffel voll vom Sirup und geben Sie ihn in ein Glas mit kaltem Wasser. Verteilt er sich in viele kleine Tropfen, muss der Sirup noch weiter gekocht werden. Bleibt er in einem Tropfen erhalten, ist der Sirup fertig.

Lauch-Sirup

Dosierung: 1 Esslöffel 3-mal täglich
Wirkung: schmerzlindernd, schleimlösend, entzündungshemmend
Anwendungsbereiche: Atemwegsprobleme, Mandelentzündung, Fibrositis, Halsschmerzen und Polymyalgia rheumatica

1 mittelgroße Stange Lauch, klein geschnitten
1 Liter Wasser
150 g Zucker

Kochen Sie den Lauch im Wasser auf kleiner Flamme. Wenn sich das Wasser bis auf ungefähr ein Drittel reduziert hat, drücken Sie den Lauch aus. Nehmen Sie den ausgepressten Lauch heraus, geben Sie den Zucker dazu, und kochen Sie die Flüssigkeit ein paar Minuten. Abkühlen lassen und in eine sterilisierte Flasche umfüllen. Gut verschließen und kühl lagern.

Pfirsich-Sirup

Dosierung: 3–4 Esslöffel täglich (Kinder 2 Esslöffel)
Wirkung: beruhigend, abführend
Anwendungsbereiche: Verstopfung bei Kindern

150 ml kochendes Wasser
20 g frische Pfirsichblüten
250 g Honig

Geben Sie das kochende Wasser über die Blüten, und lassen Sie es 6 Stunden ziehen. Seihen Sie das Wasser durch ein Tuch ab, fügen Sie den Honig hinzu, und kochen Sie alles auf. Bei geringer Hitze ein paar Minuten köcheln lassen. Nach dem Abkühlen in eine sterilisierte Flasche füllen und kühl lagern.

Rettich-Sirup

Dosierung: 1 Esslöffel 3-mal täglich
Wirkung: schmerzlindernd, entzündungshemmend, schleimlösend
Anwendungsbereiche: Mandelentzündung, Keuchhusten und Halsschmerzen

1 Rettich, geschält und in Scheiben geschnitten
Zucker

Schichten Sie die Rettichscheiben in ein Gefäß. Dabei wird jede Lage mit viel Zucker bestreut. Schließen Sie das Gefäß mit Folie, und lassen Sie es über Nacht ruhen. Drücken Sie die Rettichscheiben gut aus, und füllen Sie den Sirup in eine sterilisierte Flasche. Kühl lagern.

Brombeer-Sirup *(rechts)*

Dosierung: 1 Esslöffel mit 150 ml Wasser 2–3-mal täglich
Wirkung: zusammenziehend
Anwendungsbereiche: Durchfall und Ruhr

1 kg Brombeeren
1 kg Zucker
150 ml Wasser

Bringen Sie alle Zutaten zum Kochen. Reduzieren Sie die Hitze, und lassen Sie die Masse 10 Minuten köcheln. Füllen Sie den Sirup in sterilisierte Flaschen. Kühl aufbewahren.

Spargel-Sirup

Dosierung: 2 Esslöffel täglich, morgens und abends
Wirkung: harntreibend, beruhigend
Anwendungsbereiche: Störungen des Nervensystems, Herzklopfen, Endometriose, prämenstruelles Syndrom, Psoriasis

200 ml Saft von Spargelköpfen (mit dem Entsafter herstellen)
400 g Zucker

Kochen Sie den Spargelsaft und den Zucker, bis ein Sirup entsteht. Abkühlen lassen und in eine sterilisierte Flasche füllen. Gut verschließen und kühl lagern.

Holunderbeeren-Sirup

Dosierung: 1 Esslöffel jeden Morgen
Wirkung: leicht abführend
Anwendungsbereiche: Koliken, Verstopfung, nervöse Darmbeschwerden, besonders für ältere Menschen geeignet

$1^1/_2$ kg frische Holunderbeeren, leicht unreif, besser noch rot als ganz schwarz, ohne Stiele
150 ml Wasser
350 g Zucker
3 g Nelken

Zerdrücken Sie die Beeren, und kochen Sie sie bei geringer Hitze 30 Minuten im Wasser. Geben Sie die Masse in ein dünnes Tuch und über Nacht in eine Schüssel abtropfen lassen. Kochen Sie Saft, Zucker und Nelken 5 Minuten auf. Abkühlen lassen, in eine sterilisierte Flasche füllen, verschließen und kühl lagern.

Crème de Cassis

Dosierung: nach Belieben
Dieser Sirup ist reich an Vitamin C. Er kann für Kinder mit Wasser verdünnt werden. Mit Weißwein gemischt wird er zum bekannten Drink Kir, mit Champagner zum Kir Royal
Wirkung: tonisch
Anwendungsbereiche: stärkt das allgemeine Wohlbefinden

6 kg Schwarze Johannisbeeren
6 kg Zucker

Geben Sie in Gefäße mit einem Fassungsvermögen von 1 kg abwechselnd Lagen von Johannisbeeren und Zucker. Verschließen Sie die Gefäße gut, und lassen Sie sie an einem kühlen, dunklen Ort 6 Monate ruhen. Seihen Sie den Saft ab, und füllen Sie ihn in sterilisierte Flaschen. Kühl lagern.

Minze-Sirup

Dosierung: 1 Teelöffel in einem Glas Wasser. Minze-Sirup kann mit Wasser verdünnt werden oder auch zu Sorbet gereicht werden
Wirkung: regt das Verdauungssystem an, wirkt krampflösend
Anwendungsbereiche: Husten, Nasenschleimhautentzündung, Endometriose, Lebensmittelvergiftung, Dickdarmkatarrh

1 Liter kochendes Wasser
100 g frische Minzeblätter
1 kg Zucker

Geben Sie das kochende Wasser über die Minzeblätter, und verschließen Sie das Gefäß. Lassen Sie alles 24 Stunden ziehen, danach abseihen. Kochen Sie den Sud auf, und lassen Sie ihn 3 Minuten köcheln. Nach dem Abkühlen in eine sterilisierte Flasche füllen und kühl lagern.

Teil 4

Ihre neue Ernährung

Der beste Weg, den Körper gesund zu erhalten ist, die Ernährung auf einige wesentliche Lebensmittel zu beschränken, die eine heilende Wirkung haben. Dadurch kann sich der Körper gegen Giftstoffe schützen und die Abwehrkräfte stärken. Das folgende Vier-Wochen-Entgiftungsprogramm ist für jedermann geeignet, unabhängig vom Gesundheitszustand. Das Kapitel behandelt auch Vitamine, Mineralstoffe und andere Substanzen wie Antioxygene und essenzielle Fettsäuren und erklärt, in welchen Lebensmitteln diese für die Gesundheit unverzichtbaren Substanzen vorhanden sind. Außerdem werden zwei grundlegende Elemente beschrieben, die in jeder alltäglichen Küche vorkommen und doch viel zu wenig Beachtung finden: Öle und Mineralwasser.

Ihr Programm zur Entgiftung

Während des Verdauungsprozesses entstehen viele Säuren, zum Teil weil sie zum natürlichen Ablauf der Verdauung gehören, zum anderen Teil aber auch aufgrund mangelhafter Zersetzung tierischer Proteine. Der Körper entledigt sich einiger der Säuren über die Lungen, aber stärkere Säuren, wie Harn-, Phosphor- und Schwefelsäure, die bei der Zersetzung tierischer Fette entstehen, werden nur langsam durch die Nieren ausgeschieden. Wenn diese Säuren nicht schnell genug abgebaut werden, können Vergiftungen entstehen.

Während des Verdauungsvorganges laufen komplizierte Prozesse ab. Das Ziel ist, die Lebensmittel zu zersetzen, um sie als Wirkstoffe für den Körper verfügbar zu machen. Das geschieht mit einem unterschiedlichen pH-Wert. Stimmt der pH-Wert in einem Teil des Darmes nicht, ist die Verdauung unvollkommen, und Fette, Zucker und Proteine werden nur teilweise zerlegt. Die Lebensmittel gären im Darm, und die schädlichen Bakterien vermehren sich zu Ungunsten der gesunden Darmflora. Es kommt zu Vergiftungen im Körper.

Wie der Ernährungs- und Krebsspezialist Dr. Kousmine herausfand, setzen sich Säuren, die nicht am Tage vom Körper zersetzt werden, in einem besonderen Sekret in den Zellen des Bauchfells ab. In der Nacht, wenn der Körper ruht, gehen die Säuren in das Gewebe über und führen zu einer Übersäuerung. Dies führt zu verschiedenen Symptomen wie Müdigkeit, Schlafstörungen, Erbrechen, Sodbrennen, Appetitlosigkeit oder Bulimie, Durchfall, Verstopfung, Migräne, Mundgeruch, kalte Schweißausbrüche, Immunschwäche, Muskelschmerzen, Rheuma, Bronchitis und vermehrte Schleimbildung, die zum chronischen Katarrh führt.

In den vergangenen 50 Jahren sind Probleme wie Herzerkrankungen, Krebs, Immunschwäche und rheumatoide Arthritis rapide angestiegen. Mehr noch als durch äußere, bakterielle oder virale Ursachen entstehen diese Erkrankungen direkt oder indirekt durch die industrielle Vorbehandlung von Lebensmitteln, durch Konservierungsmethoden und den übermäßigen Genuss von raffiniertem Zucker, Getreide, Öl, Fleisch, Milchprodukten und tierischen Fetten. Der Einsatz von Hormonen, Düngemitteln, Antibiotika, Insektiziden und Pestiziden hat ebenfalls die Vergiftungserscheinungen im Körper erhöht.

Eine entgiftende Ernährung trägt dazu bei, die Giftstoffe auszuschwemmen und lang- und kurzfristig die Gesundheit des Körpers zu stärken. Das hier vorgestellte Programm kombiniert eine gesunde Ernährung mit Übungen, Naturmedizin und heilenden Ergänzungen. Auch wenn es für die meisten Erwachsenen geeignet ist, sollte es nicht bei Kindern, älteren Menschen, Schwangeren oder stillenden Müttern angewandt werden. Wenn Sie regelmäßig Medikamente einnehmen müssen, gleichgültig gegen welche Krankheit, nehmen Sie diese auch während des Programms weiterhin ein. Wenn Sie unsicher sind, fragen Sie Ihren Arzt. Es ist wichtig auch die Nebenwirkungen des Entgiftungsprogramms zu kennen. Sie hängen von der Phase ab, in der Sie sich befinden, aber allgemein können leichte Kopfschmerzen, Gefühls- und Energieschwankungen auftreten. Wenn die Nebenwirkungen nach der ersten Woche nicht verschwinden oder andere Symptome auftreten, suchen Sie Ihren Arzt auf.

Auch wenn das Programm ein paar Veränderungen in Ihren Alltag bringt und sorgfältiges Planen erfordert, ist es doch einfach durchzuführen. Die meisten Menschen fühlen die wohltuende Wirkung bereits nach 10 Tagen.

Erste Woche

WAS IST ZU TUN?

In der ersten Woche sollten Sie alle Milch- und Weizenprodukte von Ihrem Speiseplan streichen. Reduzieren Sie Ihren Verbrauch an Salz, meiden Sie Fleisch und tierisches Fett, Tee, Kaffee, weißen Zucker, Süßigkeiten, Alkohol und Tabak. Denken Sie daran, dass Lebensmittel wie Nudeln, Kuchen und Brot Weizen enthalten. Verwenden Sie Reis, Buchweizen oder Quinoa als Ersatzmittel. Sojamilch gibt es inzwischen auch im Supermarkt und kann Kuhmilch ersetzen. Zusätzlich sollten Sie:

- täglich 1–2 Liter Mineralwasser mit niedrigem Mineralstoffgehalt trinken (Seite 138).
- Wenn Sie an Blähungen und Völlegefühl leiden, nehmen Sie zwei Kohletabletten 3-mal täglich immer nach den Mahlzeiten ein.
- Essen Sie täglich eine Hand voll frische oder getrocknete Heidelbeeren.
- Trinken Sie Kräutertee aus Fenchel, Ingwer oder Kamille vor und nach den Mahlzeiten.
- Verwenden Sie beim Zubereiten der Mahlzeiten viele Kräuter wie Thymian, Basilikum, Rosmarin, Knoblauch und Schalotten.

SO HABEN SIE ERFOLG!

- Ändern Sie Ihre Einkaufsliste, und kaufen Sie viel frisches Obst und Gemüse, Fisch, Reis, Linsen, Bohnen, Hirse, Buchweizenmehl, frische Kräuter und Kräutertees wie Ingwer, Pfefferminze, Kamille und Fenchel.
- Kochen Sie die Rezepte dieses Buches nach, und benutzen Sie ein Kochbuch für gesunde Ernährung oder über die mediterrane Küche.
- Beginnen Sie den Tag mit einem proteinhaltigen Frühstück (z. B. mit Pilzen), und essen Sie gesund und gut zu Mittag. Das gibt Ihnen Energie für den ganzen Tag. Das Abendessen sollte nur sehr leicht sein.
- Widerstehen Sie der Versuchung nach einem süßen Snack, einer Tasse Tee oder Kaffee oder nach einem Glas Alkohol.

MÖGLICHE NEBENWIRKUNGEN

Leichte Kopfschmerzen, Wellen von Energie und Müdigkeit, Muskelschmerzen, plötzlicher Heißhunger, Nervosität, Hunger auf Süßes, Blähungen, Bauchschmerzen und Erbrechen kommen meist in den ersten 48 Stunden vor. Die Nebenwirkungen sind individuell sehr unterschiedlich.

DIE VORTEILE

Am Ende der ersten Woche ist Ihr Energiepotenzial gestiegen, Ihr Schlaf hat sich verbessert.

Zweite Woche

WAS IST ZU TUN?

Folgen Sie den Anweisungen der ersten Woche aber etwa 70 % Ihrer täglichen Nahrung sollte nun aus rohem Obst und Gemüse bestehen. Nichts mehr nach 19 Uhr essen.

- Trinken Sie 3-mal täglich 150 ml Löwenzahn-Aufguss (Seite 117) oder 50 ml Artischockenwein (Seite 121) mittags und am frühen Abend.
- Nehmen Sie Propolistabletten nach Anweisung der Packungsbeilage, um die Darmtätigkeit zu reduzieren.

SO HABEN SIE ERFOLG!

- Trinken Sie nach 19 Uhr so viel Kräutertee wie Sie mögen.
- Gehen Sie früher zu Bett als sonst, Schlaf ist wichtig bei der Entgiftung.
- Folgen Sie den Erfolgstipps der ersten Woche.

MÖGLICHE NEBENWIRKUNGEN

Heißhunger auf Süßes und kohlenhydrathaltige Lebensmittel und Hungergefühle sind typisch für die zweite Woche. Sie fühlen sich müde, frieren oder verlieren an Gewicht.

DIE VORTEILE

Am Ende der zweiten Woche fühlen Sie körperlich und seelisch mehr Energie. Die Verdauung, der Atem und der Schlaf haben sich verbessert. Chronische Erkrankungen wie Ekzeme, Rheuma oder Arthritis sind deutlich besser geworden.

Dritte Woche

WAS IST ZU TUN?

Folgen Sie weiterhin den Ratschlägen der ersten beiden Wochen. Um die Entgiftung zu fördern, treiben Sie jetzt aber täglich zweimal für 45 Minuten leichten Sport. Ideal sind schnelles Gehen, Rad fahren oder Schwimmen.

Erhöhen Sie Ihren Mineral- und Vitaminhaushalt, in dem Sie zweimal täglich ein Glas Obst- oder Gemüsesaft trinken. Besonders geeignet sind Brombeeren, Heidelbeeren, Kirschen, Aprikosen, Brokkoli, Grüne Bohnen, Karotten, Kohl oder Paprika.

Trinken Sie vor dem Frühstück den Saft einer halben Zitrone, gemischt mit der gleichen Menge Olivenöl. Das fördert die Verdauung und sorgt für einen guten Gallenfluss. Weiterhin ist wichtig in der dritten Woche:

- Essen Sie mehr Reis und Wurzelgemüse wie Karotten, Sellerie, Jerusalem Artischocke, Rüben, gekeimte Hülsenfrüchte, grünes Gemüse, Äpfel, Feigen und Paranüsse.
- Essen Sie mindestens zweimal die Woche Fisch.
- Trinken Sie täglich 1–2 Liter Mineralwasser, mit mittlerem bis hohen Mineralgehalt (Seite 138).

SO HABEN SIE ERFOLG!

- Trinken Sie vor dem Sport Kräutertee, aber üben Sie nicht mit vollem Magen.
- Essen Sie nach dem Training nur leichte Sachen.
- Folgen Sie weiterhin den Tipps der ersten Wochen.

MÖGLICHE NEBENWIRKUNGEN

Aufgrund der Bewegung kommt es zu weiterem Gewichtsverlust, aber auch zu Muskelkater (dagegen helfen homöopathische Arnikatabletten, Potenz 30 bis 200). Wenn Sie starke Schmerzen im Brustraum, an den Gelenken oder an der Wirbelsäule spüren, sollten Sie die Übung sofort beenden und unbedingt Ihren Arzt aufsuchen.

DIE VORTEILE

Sie fühlen sich immer besser und voller Energie. Die Verdauung, der Atem und der Schlaf verbessern sich weiterhin.

Vierte Woche

WAS IST ZU TUN?

Meiden Sie weiterhin Weizen- und Milchprodukte. Reduzieren Sie die Menge an frischem Obst und Gemüse auf 50 % Ihrer Nahrungsmenge. Beginnen Sie mit leichten Abendmahlzeiten nach 19 Uhr. Treiben Sie weiterhin Sport, und trinken Sie morgens vor dem Frühstück Zitronensaft mit Olivenöl wie in der dritten Woche. Trinken Sie zweimal täglich Frucht- und Gemüsesäfte und täglich 1 ½ Liter Mineralwasser mit mittlerem bis hohen Mineralgehalt.

SO HABEN SIE ERFOLG!

- Nehmen Sie in den nächsten Wochen täglich ein Fischölpräparat ein.
- Folgen Sie weiter den Tipps der ersten drei Wochen.

MÖGLICHE NEBENWIRKUNGEN

In dieser Phase des Programms kommen in der Regel keine Nebenwirkungen mehr vor.

DIE VORTEILE

Sie fühlen sich nun richtig fit und gesund. Sie sind voller Energie, schlafen gut, und selbst die kleinsten Verdauungsstörungen sind verschwunden. Chronische Erkrankungen wie Rheuma und Ekzeme haben sich deutlich verbessert. Ihr Immunsystem ist gestärkt, Sie sind widerstandsfähiger gegen Erkältungen und Grippe.

Ihre Ernährung nach der Entgiftung

Nach Abschluss des Vier-Wochen-Programms zur Entgiftung können Sie für weitere zwei Wochen den Tipps der vierten Woche folgen oder zur normalen Ernährung zurückkehren.

Wenn Sie zur normalen Ernährung zurückkehren, führen Sie Weizenprodukte nur langsam wieder ein. Bei Problemen sofort wieder absetzen. Milchprodukte erst in der zweiten Woche wieder einführen, bei Problemen ganz vom Speiseplan streichen.

Folgen Sie weiter den Anweisungen des Entgiftungsprogramms so weit wie möglich. Nehmen Sie folgende Ratschläge langfristig in Ihren Alltag auf:

- Trinken Sie weiterhin viel Wasser, am besten Mineralwasser mit niedrigem Mineralgehalt (Seite 138), falls es keine ärztlichen Bedenken gibt.
- Nehmen Sie nur mäßig Fleisch, Wein, Kaffee und Tee zu sich.
- Treiben Sie weiterhin Sport.
- Führen Sie die ersten zwei Wochen des Programms zweimal jährlich durch, einmal im Frühjahr und einmal im Herbst.

Vitamine, Mineralien und andere Nährstoffe

DIESE TABELLE STELLT DIE VITAMINE, MINERALIEN UND NÄHRSTOFFE VOR, DIE FÜR UNSERE ERNÄHRUNG WICHTIG SIND, BESCHREIBT DIE HEILWIRKUNG UND NENNT DIE LEBENSMITTEL, IN DENEN DIE NÄHRSTOFFE VERSTÄRKT VORKOMMEN.

VITAMIN	WIRKUNG	VORKOMMEN
VITAMIN A (Retinol)	Wichtig für eine gesunde Haut, beugt Infektionen der oberen Atemwege vor wie Erkältungen, Halsschmerzen, verbessert die nächtliche Sehkraft. Ist in tierischen Produkten enthalten, kann aber auch durch Carotin aus pflanzlichen Mitteln gebildet werden.	• Karotten (Seite 14–15) • Brunnenkresse (Seite 17) • Kohl (Seite 18–19) • Mango (Seite 30) • Melone (Seite 32)
VITAMIN B_1 (Thiamine)	Verbessert die Konzentration. Wird leicht beim Kochen oder durch UV-Strahlen zerstört. Vitamin-B_1-Mangel kann zu Depressionen und Nervosität führen.	• Brunnenkresse (Seite 17) • Kohl (Seite 18–19) • Zucchini (Seite 20)
VITAMIN B_2 (Riboflavin)	Wichtig für den Fett-, Zucker- und Eiweißstoffwechsel im menschlichen Körper.	• Brunnenkresse (Seite 17) • Kohl (Seite 18–19) • Spargel (Seite 23) • Milch (Seite 55)
VITAMIN B_3 (Niacin)	Schützt die Haut auf natürliche Weise gegen Sonnenstrahlen. Ein Mangel kann zu Müdigkeit, Depressionen, Konzentrationsschwäche und Dermatitis führen.	• Kohl (Seite 18–19) • Zucchini (Seite 20)
VITAMIN B_5 (Pantothensäure)	Stärkt das Immunsystem und hilft bei der Verwertung der Nährstoffe aus der Nahrung.	• Brunnenkresse (Seite 17) • Kohl (Seite 18–19) • Sellerie (Seite 20) • Avocado (Seite 23) • Erdbeeren (Seite 33)

VITAMIN	WIRKUNG	VORKOMMEN
VITAMIN B_6 (Pyridoxine)	Wichtig für die Gesundheit des Blutes und für den Eiweißstoffwechsel.	● Zwiebeln (Seite 12) ● Brunnenkresse (Seite 17) ● Kohl (Seite 18–19) ● Bananen (Seite 30)
VITAMIN B_{12}	Zur Gesunderhaltung der Nerven und zur Bildung roter Blutkörperchen. Mangel führt zu Müdigkeit und trockener Haut.	● Milch und Käse (Seite 55) ● Eier (Seite 55)
BIOTIN	Ein wichtiger Wirkstoff beim Kohlenhydrat- und Fettstoffwechsel.	● Kohl (Seite 18–19) ● Kirschen (Seite 33) ● Grapefruit (Seite 37) ● Milch (Seite 55) ● Eier (Seite 55)
FOLSÄURE (Teil des Vitamin B Komplexes)	Wichtig für die Zellbildung und Produktion roter Blutkörperchen. Schwangere sollten täglich 400 mg einnehmen.	● Brokkoli (Seite 16) ● Blumenkohl (Seite 16)
VITAMIN C	Heilt beschädigte Zellen, unterstützt die Wundheilung und stärkt das Immunsystem. Vitamin C ist ein Antioxygen, fördert die Eisenaufnahme und sorgt für die Produktion von Antikörpern und Collagen.	● Brokkoli (Seite 16) ● Kohl (Seite 18–19) ● Paprika (Seite 20) ● Zitrone (Seite 38–39)
VITAMIN D (Calciferol)	Wichtig für gesunde Knochen und Haut. Sonnenlicht ist die beste Quelle, über die Haut wird körpereigenes Vitamin D produziert.	● Salat (Seite 17) ● Datteln (Seite 30) ● Hüttenkäse (Seite 55) ● Eier (Seite 55)
VITAMIN E (Tocopherol)	Starkes Antioxygen, verhindert die Degeneration von Nerven und Muskeln. Hält die Haut gesund und schützt vor Herzerkrankungen.	● Weizen (Seite 27) ● Erdnüsse (Seite 41)

MINERALIEN	WIRKUNG	VORKOMMEN
KALZIUM	Wichtig für Zähne und Knochen, fördert die Verbindung der Nervenzellen, die Blutgerinnung und stärkt die Muskelfunktionen. Kalzium reguliert den Herzschlag, gleicht den Säure-Basen-Haushalt aus und ist wichtig für eine gesunde Haut.	• Algen (Seite 23) • Pflaumen (Seite 32) • Mandeln (Seite 41) • Milch, Käse, Butter, Jogurt (Seite 55)
KUPFER	Ein Spurenelement, wichtig für gesundes Knochenwachstum, hilft bei der Eisenaufnahme aus der Nahrung, ist in vielen Enzymen, die gegen Freie Radikale schützen.	• Feigen (Seite 30)
FLUOR	Dieser Mineralstoff schützt vor Karies.	• Spargel (Seite 23)
JOD	Braucht die Schilddrüse, um Hormone zu produzieren, die für eine gesunde körperliche und geistige Entwicklung, Wachstum und viele andere Funktionen sorgen.	• Gerste (Seite 27) • Bananen (Seite 30) • Trauben und Rosinen (Seite 32) • Krusten- und Weichtiere (S. 55) • Eier (Seite 55)
EISEN	Wichtig für die Produktion von Hämoglobin, einem Pigment in den roten Blutkörperchen, das die Körperzellen mit Sauerstoff versorgt. Steigert die Energie, beugt Anämie vor und stärkt die Körperabwehr.	• Bohnen (Seite 24) • Linsen (Seite 24) • Pflaumen (Seite 32) • Walnüsse (Seite 41) • Petersilie (Seite 43)
MAGNESIUM	Wichtig für Knochen, Zähne und die Muskelkontraktion. Beruhigt das Nervensystem und reguliert den Herzschlag. Wird zur Kalziumaufnahme gebraucht.	• Haselnüsse (Seite 41) • Mandeln (Seite 41) • Pinienkerne (Seite 41) • Walnüsse (Seite 41)

MINERALIEN	WIRKUNG	VORKOMMEN
PHOSPHAT	Reguliert den Proteinhaushalt und die Energie in den Körperzellen, ist wichtig für Knochen und Zähne und für die Aufnahme vieler anderer Nährstoffe.	● in den meisten Lebensmitteln
KALIUM	Reguliert die Körperflüssigkeiten, sorgt für die gesunde Zellfunktion und die Übertragung der Nervenimpulse. Es kontrolliert den Herzschlag und den Blutdruck.	● Blumenkohl (Seite 16) ● Kohl (Seite 18–19) ● Sellerie (Seite 20) ● Pilze (Seite 24)
SELEN	Ein Antioxygen, das vor Herzbeschwerden, Krebs und Alterungsprozessen schützt. Wichtig für Wachstum, Fruchtbarkeit, Schilddrüsen- und Leberfunktion und gesunde Haut und Haare.	● Pilze (Seite 24) ● Buchweizen (Seite 25) ● Walnüsse (Seite 41) ● Krusten- und Weichtiere (S. 55) ● Eier (Seite 55)
SILIZIUM	Fördert die Entwicklung der Knochen, stärkt das Bindegewebe und sorgt für gesunde Haut.	● Lauch (Seite 13) ● Grüne Bohnen (Seite 16) ● Brennnesseln (Seite 16) ● Kichererbsen (Seite 25) ● Erdbeeren (Seite 33)
NATRIUM	Reguliert die Körperflüssigkeiten und kontrolliert die Elektrolyten im Blutplasma. Wichtig für Nerven und Muskelfunktion. In westlichen Ländern wird zu viel verbraucht.	● Algen (Seite 23) ● Hafer (Seite 27) ● Trauben und Rosinen (Seite 32)
SCHWEFEL	In reiner Form pilz- und bakterientötend. Ist in Cremes für Hauterkrankungen enthalten, z.B. bei Akne. Unterstützt die Eiweißbildung, ist in jeder Zelle vorhanden.	● Rettich (Seite 13) ● Gurke (Seite 20) ● Fenchel (Seite 23) ● Mango (Seite 30) ● Meerrettich (Seite 50)
ZINK	Fördert die Fruchtbarkeit, ist gut für die Haut, hilft bei Wundheilung und reguliert den Geschmackssinn. Wichtig für das Immunsystem, das Nachtsehvermögen und das Wachstum.	● Rotes Fleisch (Seite 55) ● Krusten- und Weichtiere (S. 55) ● Eier (Seite 55)

ANDERE NÄHRSTOFFE	WIRKUNG	VORKOMMEN
ALLIUM	Sorgt für die gesunde Herzmuskelfunktion und stärkt das Immunsystem.	• Zwiebeln und Schalotten (S. 12) • Lauch (Seite 13) • Schnittlauch (Seite 44) • Knoblauch (Seite 48–49)
ALPHA-LINOLENSÄURE	Essenzielle Fettsäure, auch bekannt als Omega-3-Fettsäure. Wirkt entzündungshemmend, gut bei rheumatoider Arthritis, senkt Blutdruck und Cholesterinspiegel, verhindert Blutgerinnsel und beugt Herzinfarkten vor. Versorgt die Zellmembranen und sorgt für den Transport von Fett im ganzen Körper.	• fettreicher Fisch (Seite 56–57)
ANTHOCYAN	Ein Antioxygen, das aber auch gefährliche Bakterien enthält wie Kolibakterien.	• Heidelbeeren (Seite 34–35)
BIOFLAVONOIDE	Bioflavonoide sind ebenfalls Antioxygene, fördern die Aufnahme von Vitamin C, stärken das Kapillarsystem, verbessern den Kreislauf und beugen Herzmuskelerkrankungen vor.	• Heidelbeeren (Seite 34–35) • Mandarinen (Seite 37) • Grapefruit (Seite 37)
CAPSAICIN	Ein Antioxygen, das schmerzlindernd, bakterientötend und entzündungshemmend wirkt. Senkt den Cholesterinspiegel, beugt Blutgerinnseln vor, fördert die Verdauung und bewahrt die DNA vor Schäden.	• Chili (Seite 46)
CAROTIN	Sorgt für die orangefarbene oder gelbe Färbung von Gemüse, z. B. Karotten. Enthält antioxygene Substanzen, die die Zellen vor Freien Radikalen schützen. Senkt das Risiko einer Krebs- oder Herzmuskelerkrankung.	• Karotten (Seite 14–15) • Spinat (Seite 17) • Kürbis (Seite 24) • Mango (Seite 30)

ANDERE NÄHRSTOFFE	WIRKUNG	VORKOMMEN
CHLOROPHYLL	Gibt Pflanzen die typische, grüne Färbung. Hält das Blut gesund, fördert die Wundheilung und wirkt bakterientötend. Es beugt gegen Krebs vor und schützt gegen negative Strahlungen.	● Grüne Bohnen (Seite 16) ● Löwenzahn (Seite 16) ● Salat (Seite 17) ● Rauke (Seite 17) ● Sauerampfer (Seite 45)
ELLAGSÄURE	Ein Flavonoid, kommt in Früchten vor. Schützt die Gene vor krebserregenden Substanzen.	● Kirschen (Seite 33)
GAMMA-LINOLENSÄURE	Hilft bei der Blutverdünnung, beugt Blutgerinnseln und Ablagerungen vor. Sie wirkt entzündungshemmend, schmerzlindernd und stärkt Nerven- und Immunsystem.	● Borretschöl (Seite 45)
LINOLENSÄURE	Essenzielle Fettsäure, auch als Omega-6-Fettsäure bekannt. Senkt den Cholesterinspiegel.	● Oliven (Seite 28–29) ● Sonnenblumenkerne (Seite 51) ● Walnüsse (Seite 41)
APFELSÄURE	Ermöglicht dem Körper, Zucker und Fett in Energie umzuwandeln.	● Äpfel (Seite 37)
OLEINSÄURE	Hohe Dosen senken den Cholesterinspiegel.	● Oliven (Seite 28–29)
PEKTIN	Senkt den Blutdruck, den Cholesterinspiegel, beugt Auswüchsen im Dickdarm und Hämorriden vor und senkt das Dickdarmkrebsrisiko.	● Orangen (Seite 33) ● Äpfel (Seite 37) ● Birnen (Seite 37) ● Dattelpflaumen (Seite 37) ● Quitten (Seite 37)
PHYTÖSTROGEN	Hilft in der Menopause, senkt das Brustkrebsrisiko, ahmt die Produktion von Östrogen im Körper nach.	● Sojabohnen (Seite 25)

Mineralwasser und Öl

Wasser

Wasser ist lebensnotwendig. Der menschliche Körper besteht zu zwei Dritteln aus Wasser und scheidet ständig Wasser durch Schweiß, Verdunstung, Urin und Fäkalien aus. Wir müssen täglich 1–2 Liter Wasser trinken, um den Verlust zu ersetzen.

Wasser hat eine sehr unterschiedliche Qualität. Leitungswasser in Großstädten hat oft eine schlechte Qualität. Es ist manchmal 3–4-mal recycelt und enthält Spuren von Hormonen, Nitraten oder Metallen wie Blei. In vielen alten Häusern gibt es noch Bleirohre. Mineralwasser ist gegenüber dem Leitungswasser reicher an Mineralien wie Kalzium, Magnesium, Kalium, Bicarbonat, Chloriden, Sulfaten, Silizium, Fluoriden, Zink, Mangan, Selen und Borat, die auf dem Etikett ausgewiesen sind. Einmal geöffnete Mineralwasserflaschen sollten im Kühlschrank aufbewahrt und möglichst bald getrunken werden. Sie sind sonst eine Quelle zur Vermehrung von Bakterien. Manche Wässer sind wegen des hohen Mineralgehaltes nicht für den längeren täglichen Gebrauch geeignet.

- Mineralwasser mit niedrigem Mineralgehalt kann täglich getrunken werden und ist auch für Kinder geeignet.
- Mineralwasser mit mittlerem Mineralgehalt eignet sich täglich getrunken nur über einen bestimmten Zeitraum. Mineralwasser mit viel Kalzium sind gut für die Nieren, Wasser mit viel Magnesium ist dagegen gut für die Leber.
- Mineralwasser mit hohem Mineralgehalt hat eine stärkere heilende Wirkung und sollte gelegentlich oder als Teil des Entgiftungsprogramms (Seite 130) getrunken werden. Dieses Wasser wirkt harntreibend, schwemmt Giftstoffe aus, stärkt Zähne und Knochen und fördert die Nieren- und Leberfunktion. Es wirkt auch hilfreich bei Rheuma, Arthritis, Kreislaufbeschwerden, Bluthochdruck, Nierenproblemen, Immunschwäche, Verdauungs- und Stoffwechselstörungen.

Öl

Wenn Sie Öl kaufen, entscheiden Sie sich für kaltgepresste Öle, die mechanisch einfach gewonnen werden und ihre wertvollen Inhaltsstoffe behalten haben. Industriell hergestellte und verarbeitete Öle sind zwar länger haltbar, haben aber während des Verarbeitungsprozesses die meisten medizinisch wirkenden Inhaltsstoffe und auch ihr Aroma verloren. Die Verarbeitung ist oft mit chemischen Prozessen verbunden, und das Öl wird dabei auf sehr hohe Temperaturen erhitzt. Studien ergaben, dass diese Öle gesundheitsschädigend sind.

Die am häufigsten verwendeten Öle sind:

- Olivenöl: meiner Meinung nach das medizinisch wirksamste und wertvollste Öl (Seite 28).
- Sonnenblumenöl: ist reich an Vitamin E, Olein- und Linolensäure. Kann zum Kochen und im Salat verwendet werden. Sonnenblumen- und Walnussöl lassen sich gut kombinieren. Der Geschmack ergänzt sich, die Haltbarkeit erhöht sich.
- Walnussöl: ist reich an Mineralstoffen, stark aromatisch, beliebt in Südwest-Frankreich. Kann mit Sonnenblumen- oder Maisöl gemischt werden. Ein Esslöffel voll in einem Gemüsesaft verstärkt den Geschmack und wirkt therapeutisch.
- Haselnussöl: hat ein delikates Aroma und sehr viele wertvolle Inhaltsstoffe. Passt gut zum Salat. Walnuss- oder Haselnussöl wird Kindern gegeben, um das Wachstum zu fördern, sowie bei leichten Verdauungsstörungen oder Würmern.
- Erdnuss- und Maisöl: Beide können gut hohe Temperaturen vertragen und eignen sich zum Braten. Sie haben nur einen geringeren medizinischen Wert.
- Sesamöl: wird in asiatischen Ländern verwendet, ist vom therapeutischen Wert und dem Gehalt an Inhaltsstoffen mit dem Olivenöl vergleichbar.

Glossar

ANALGETISCH schmerzstillend

ANTACID gegen Säuren wirkende Substanz

ANTIOXYGENE Substanz wirkt gegen Freie Radikale. Beta-Carotin, Vitamin C und E, Zink, Selen sind wichtige Antioxygene

ANTISPASMATISCH die Eigenschaft, Krämpfe zu lindern und zu vermeiden

ADSTRINGENT die Eigenschaft, um die Elastität des Gewebes zu erhalten, zusammenziehend

APFELSÄURE leicht zusammenziehende Fruchtsäure, in Äpfeln enthalten, wichtig, um Zucker und Fett in Energie umzuwandeln

BAKTERIZID keimtötend

BETAIN Aminosäure unterstützt die Magensäure bei der Verdauung

BIOFLAVONOIDE Pigmente mit antioxygenen Eigenschaften. Enthalten in rotem, grünem, gelbem und violettem Gemüse und entsprechenden Früchten

BITTERSTOFFE Stoffe, die in kleinen Mengen in manchen Pflanzen vorkommen, etwa in Artischocken und Löwenzahn. Gut für die Leberfunktion

BLUTREINIGEND die Eigenschaft, Giftstoffe und Schlacken zu binden und auszuscheiden

BROMELIN eine Substanz, die beim Aufschließen der Proteine hilft und entzündungshemmend wirkt. Kommt in Ananas vor

CAPSAICIN eine Substanz, die heilend auf Herz und Kreislauf wirkt. Kommt in Paprika und Chili vor

CAROTIN kommt in rotem, orangefarbenem und gelbem Gemüse und entsprechenden Früchten vor. Manche Carotine wie Alpha- und Beta-Carotin werden in der Leber zu Vitamin A umgewandelt. Carotine sind Antioxygene

CHLOROPHYLL grüne Pigmente in Pflanzen mit heilenden Substanzen

COLLAGEN wichtiges Protein in Knochen und Gewebe

EINFACH UNGESÄTTIGTE FETTSÄURE in Oliven enthalten, beugt Arteriosklerose vor

ESSENZIELLE ÖLE komplexe, aromatische Wirkstoffe, kommen in vielen Pflanzen vor, wirken heilend

FREIE RADIKALE schädliche Wirkstoffe, die im Körper aufgrund von Oxidation entstehen. Beschleunigen den Alterungsprozess und fördern Krebs

GESÄTTIGTE FETTSÄUREN kommen in Milch, in tierischen Fetten, in einigen Gemüsesorten und in Palmöl vor. Zu viel Genuss führt zu Fettablagerungen in den Arterien

GLUTEN Klebereiweiß in vielen Getreidearten. Verursacht Allergien, muss bei Zöliakie vermieden werden

HARNTREIBEND Wirkung, die den Urinfluss fördert

INULIN ein natürlicher Wirkstoff in Artischocken, Zwiebeln und Knoblauch, reguliert den Blutzuckerspiegel und senkt das Verlangen nach Süßspeisen

KREUZBLÜTLER Pflanzenfamilie, deren Gemüse wie Brokkoli und Kohl gegen Krebs vorbeugt

LAKTOBAZILLEN Milchsäurebakterien, die wichtig sind für den Darm

LEZITHIN phosphorhaltiger Nährstoff in Gemüse, Eigelb, Milch und Fleisch, fördert das Wachstum und versorgt die Zellen

LINOLENSÄURE UND ALPHA-LINOLENSÄURE essenzielle, mehrfach ungesättigte Fettsäuren, auch bekannt als Omega-6- und Omega-3-Fettsäuren, wichtig für Wachstum und Entwicklung. Können nicht vom Körper hergestellt werden, müssen durch Nahrung zugefügt werden

MEHRFACH UNGESÄTTIGTE FETTSÄUREN es gibt zwei Gruppen: Omega-3- (in fettreichem Fisch) und Omega-6-Fettsäure (in Sonnenblumen- und Maisöl, Samen und Nüssen). Beide sind sehr wichtig

OLEINSÄURE einfach ungesättigte Fettsäure in Oliven und Olivenöl. Vermehrte Einnahme senkt den Cholesterinspiegel

OXALAT giftige Substanz in verschiedenen Pflanzen wie Rhabarber und Sauerampfer. Nicht zu empfehlen bei Gicht, Arthritis oder Nieren- und Blasensteinen

PAPAIN Substanz in der Papaya, spaltet Proteine, fördert die Verdauung

PEKTIN wasserlösliche Substanz, kommt in Früchten vor, wirkt zusammenziehend und hilft bei Durchfall

RAPHANOL fördert die Verdauung, den Gallenfluss und leert die Gallenblase

SUD konzentrierte Lösung durch Aufkochen einer Substanz in Wasser. Oft medizinisch eingesetzt

TERPENE sind in essenziellen Ölen enthalten. Wirken medizinisch, wenn vorsichtig verwendet. Können allergische Reaktionen auslösen

TINKTUR medizinische, konzentrierte Lösung in Alkohol

TONIC medizinische Losung mit stärkendem, belebenden Effekt

TRYPTOPHAN ODER L-TRYPTHOPHAN essenzielle Aminosäure, die dem Körper bei der Produktion von Proteinen und beim Aufbau des Neurotransmitters Serotonin hilft. Hilft bei Migräne und Menstruationsbeschwerden

ZITRONENSÄURE kommt in Zitrusfrüchten vor, wirkt antioxygen

Stichwortverzeichnis

Fettgedruckte Seiten geben ausführlichere Hinweise. Für die Rezepte schauen Sie bitte unter dem jeweiligen Lebensmittel nach.

Rezept-Verzeichnis